W0048053

ro
ro
ro

Zu diesem Buch Dieses Buch ist eine Ermutigung für alle
Männer, die ihren eigenen Bedürfnissen, denen ihrer Partnerin
und der Kinder gerecht werden – und das alles auch noch mit
ihrer Berufstätigkeit vereinbaren – wollen. Ganz schön schwer?
Sicher. Aber es ist möglich! Der Autor hat in Eltern-Kind-
Gruppen, Geburtsvorbereitungskursen, Vätergruppen und bei
vielen anderen Gelegenheiten eine erstaunliche und ermutigende Kreativität der (werdenden) Väter erlebt. Aufzuzeigen,
welche Möglichkeiten es gibt und wie sie nutzbar zu machen
sind, ist das Anliegen dieses Ratgebers. Daher kommen viele
Väter zu Wort, beschreiben ihr Leben mit dem Kind und der
Partnerin, berichten, wie sie in Konfliktsituationen gehandelt
und mit welchen Gefühlen sie sich auseinander gesetzt haben.
Und es gibt jede Menge Informationen zu Fragen, die von dem
erfahrenen Berater einfühlsam und kompetent beantwortet
werden.

Ralf Ruhl ist Germanist / Publizist, Körpertherapeut und Vater
einer heranwachsenden (bei der Mutter lebenden) Tochter
und eines gerade geborenen Sohnes, den er im Erziehungsurlaub betreut. Mitbegründer des Göttinger Männerbüros,
Leiter des Fachbereichs Männerbildung beim Verein Nieder-
sächsischer Bildungsinitiativen (VNB), Redakteur bei «PAPS
– Welt der Väter». Artikel in Fach- und Publikumszeitschriften,
mehrere Buchbeiträge, zuletzt «Mehr Vater fürs Kind», in:
Rohnstock (Hg.): Sag mir, wie die Väter sind, Berlin.

RALF RUHL

Kinder machen
Männer stark

Vater werden, Vater sein

Rowohlt Taschenbuch Verlag

Herausgegeben von Bernhard Schön
und Horst Speichert

Redaktion: Bettina Mähler, Bernhard Schön

rororo Mit Kindern leben
und
die **Deutsche Liga
für das Kind**

Partnerschaft für Eltern, Kinder und Familie

Originalausgabe
Veröffentlicht im Rowohlt Taschenbuch Verlag GmbH,
Reinbek bei Hamburg, Dezember 2000
Copyright © 2000 by Rowohlt Taschenbuch Verlag GmbH,
Reinbek bei Hamburg
Umschlaggestaltung Henning Dencks
(Foto: Image Bank)
Alle Rechte vorbehalten
Satz Minion & Thesis Sans PostScript, PageOne
Gesamtherstellung Clausen & Bosse, Leck
Printed in Germany
ISBN 3 499 60584 8

Für meine Tochter Lara und meinen Sohn Leo.

Eure Kinder sind nicht eure Kinder.
Sie sind Söhne und Töchter der Sehnsucht des Lebens nach sich selber.
Sie kommen durch euch, aber nicht von euch.
Und obwohl sie mit euch sind, gehören sie euch doch nicht.

KHALIL GIBRAN, DER PROPHET
(WALTER VERLAG, ZÜRICH, DÜSSELDORF)

Inhalt

Kinder machen Männer stark

Kinder machen Männer stark? «Stimmt», grinst Janosch, ein Vater aus einer
Eltern-Kind-Gruppe. «Im Sportverein haben sie ziemlich gestaunt
über meine gut entwickelten Arm-, Schulter- und Rückenmuskeln.»
Sein Kind ist sieben Monate alt, über acht Kilo schwer, und er trägt es
stolz durch die Wohnung und im Tragetuch durch die Stadt.
Muskelentwicklung und physische Stärke sind natürlich nicht die
Hauptsache, wenn Männer sich um ihre Kinder kümmern, aber ein
schönes Nebenprodukt. Warum sollte ein aktiver Vater nicht auch ein
attraktiver Vater sein?
Damit meine ich nicht den Mann aus der Werbung, der Mineralwasser
trinkend mit seiner Tochter über grüne Wiesen und, hoppla, eine
Pfütze joggt. Ich meine den Mann, der in der Lage ist, seinen eigenen
Bedürfnissen, denen seiner Partnerin und seiner Kinder gerecht zu
werden und sie mit seiner Berufstätigkeit zu vereinbaren. Ganz schön
schwer? Stimmt. Und ich behaupte nicht, dass ich weiß, wie es geht.
Dazu sind die Lebensverhältnisse und -vorstellungen der einzelnen
Familien zu unterschiedlich und immer wieder Änderungen unter-
worfen, die möglichen Konflikte zu vielfältig.
Aber es ist möglich. In den letzten zwölf Jahren hatte ich in Eltern-
Kind-Gruppen, Geburtsvorbereitungskursen, Elternabenden, Väter-
abenden und Vätergruppen, in Veranstaltungen nur für Männer und
für Männer und Frauen Gelegenheit, mit Vätern und werdenden Vätern über diese Themen zu sprechen. Dabei bin ich auf eine erstaunliche und ermutigende Kreativität der einzelnen Männer und auf eine
große Vielfalt von Möglichkeiten gestoßen. Und meine eigenen Erfahrungen als Vater einer heranwachsenden (bei ihrer Mutter lebenden)

Tochter und eines gerade geborenen Sohnes fließen natürlich in dieses Buch ein.

Solche Möglichkeiten aufzuzeigen und damit nutzbar zu machen, ist das Anliegen meines Buches. Daher kommen hier viele verschiedene Väter zu Wort, beschreiben ihr Leben mit dem Kind und der Partnerin, berichten, wie sie in Konfliktsituationen gehandelt und mit welchen Gefühlen sie sich dabei auseinander gesetzt haben.

Das Buch ist «chronologisch» aufgebaut. Es beginnt mit dem *Kinderwunsch*. Männern wird er immer noch selten unterstellt, oft sogar abgesprochen, obwohl inzwischen sogar Sportstars wie Andre Agassi sich öffentlich dazu bekennen. Wissenschaftliche Literatur zu diesem Thema gibt es wenig, Untersuchungen dazu sind meist Randergebnisse der Studien an Paaren, die zur Schwangerschaftskonfliktberatung kommen. Männer können an Stärke gewinnen, wenn sie in Gesprächen mit der Partnerin und anderen Männern einen persönlichen Standpunkt erarbeiten und auch vertreten können. Die Partnerin hat somit ein klares Gegenüber, jemanden, der eindeutig «Ja» oder «Nein» zum Kind sagt, zumindest zum gegenwärtigen Zeitpunkt. Wenn Männer hier nicht Stärke zeigen, wird die Zukunftsplanung des Paares an ihnen vorbei entschieden.

Schwangerschaft ist auch für Männer ein besonderes Erlebnis, angefüllt mit widerstreitenden Emotionen. Die Schwangere verlangt von ihnen immer wieder Bekenntnisse zur Partnerschaft und zum Kind. Das Nest will bereitet werden, Freunde und Verwandte sind zu informieren. Da ist viel zu tun. Wenn Männer diese Zeit auch für sich als Vorbereitung auf den neuen Lebensabschnitt begreifen, mit der Partnerin und anderen Männern im Gespräch bleiben, können sie Stärke entwickeln: Für ihre persönliche Vision von Vaterschaft und um in die neue Rolle hineinzuwachsen. Der Partnerin geben sie so Halt, sie kann sich voll auf die Schwangerschaft und auf das in ihr entstandene Leben konzentrieren.

Das *Geburtserlebnis* wird von vielen Männern nicht nur als eindrucksvoll, sondern auch als einschneidend beschrieben. Wissenschaftliche Untersuchungen haben erwiesen, dass die Bindung zum Kind besonders stark ist, wenn der Vater bei der Geburt dabei war. Nicht nur für die Frau, auch für den Mann ist die Geburt eine besondere physische und psychische Belastung. Eine solche Situation extremer Beanspruchung zu überstehen und zu gestalten, kostet nicht nur Kraft, sondern gibt auch Vertrauen in die eigene Stärke.

Im *Leben mit dem Kind* können Männer am eigenen Leib erfahren, dass ihre Identität nicht nur – wie im traditionellen Männerbild – auf der Säule der Berufstätigkeit ruht. Im Kontakt mit dem Kind lernen sie eine vielleicht verschüttete Lebendigkeit kennen, lernen, Prioritäten im Alltag zu setzen, unwichtige Dinge liegen zu lassen – denn das Kind schreit, und seine Bedürfnisse sind zunächst die wichtigsten. «Demut» nannte das ein Vater – die Fähigkeit, innere Spannungen auszuhalten und die Befriedigung eigener Bedürfnisse aufzuschieben. Damit das nicht ein Aufschub auf ewig bleibt, ist das Gespräch mit der Partnerin nötig, ist es vielleicht hilfreich, sich Unterstützung von anderen Personen oder Stellen zu holen. Sein Leben und das seiner Familie so organisieren zu können ist eine Stärke – allerdings eine, die Männer traditionell nicht als solche anerkennen.

Körperlichkeit und Sexualität habe ich ein eigenes Kapitel gewidmet. In diesem Bereich der Partnerbeziehung finden in der Schwangerschaft und nach der Geburt gravierende Veränderungen statt, die oft mit großen Unsicherheiten verbunden sind. Auch hier besteht der «Stärkegewinn» in der Akzeptanz begrenzter Möglichkeiten, dem kreativen Umgang mit Lust, dem Entdecken neuer Seiten der Körperlichkeit und der Liebe.

Nur wenige Väter gönnen sich und ihrem Kind *Erziehungsurlaub* – der nach dem gerade (2000) verabschiedeten Gesetz «Erziehungszeit» heißt, um die in dem Begriff «Urlaub» enthaltene mögliche Diskriminierung zu vermeiden. Ich benutze den ursprünglichen Begriff weiter, weil ich das positive Versprechen, das in «Erziehungsurlaub» mitschwingt, ganz animierend finde. Welche Möglichkeiten es gibt, welche Schwierigkeiten zu bewältigen sind, beschreibe ich in diesem Kapitel. Größte Hemmnisse sind immer noch die hierarchische Organisation der Arbeit in den meisten Betrieben und der geringe finanzielle Anreiz. Familien brauchen verlässliche Arbeitszeiten – und verlässliche Anwesenheit des Vaters zu Hause. Ebenso sind sie auf Flexibilität angewiesen, besonders bei Krankheit des Kindes. Hier ist die Politik in der Pflicht, den Unternehmen mit Rahmenbedingungen Mindeststandards für Familienfreundlichkeit abzuverlangen; die Gewerkschaften sind in der Pflicht, die konkrete Umsetzung zu gestalten. Altes Lagerdenken hilft hier nicht weiter. Hier ist Standfestigkeit gefragt gegenüber abschätzig schauenden Vorgesetzten, Kolleginnen und Kollegen, die mit dem Wortteil «Urlaub» Palmenstrände und kühle Drinks verbinden.

Auf ein Kapitel über Babypflege habe ich verzichtet, zum einen aus Platzgründen, zum anderen, weil zu diesem Thema bereits viele gute Bücher auf dem Markt sind.

Am Schluss der Schluss, den sich niemand wünscht – ein Kapitel über *Trennung*. In Deutschland leben über eine Million Väter von ihren minderjährigen Kindern getrennt, vielfach nur mit geringen Kontaktmöglichkeiten. Gewollt haben sie das in den meisten Fällen nicht. Ein großer Teil der Eltern geht auseinander, bevor das Kind drei Jahre alt ist. Familie gründen und zerbrechen lassen, liegen also zeitlich eng beieinander. Ein Grund, dieses Thema nicht zu verdrängen, sondern sich zu informieren.

In jedem Kapitel finden Sie – meist am Ende – noch einmal tabellarisch aufgelistet Tipps und Rat zum jeweiligen Thema. Wichtige Bereiche werden durch Interviews mit Expertinnen und Experten ergänzt. Im Anhang finden Sie nützliche Adressen vom Windeldienst bis zur Vätergruppe, ebenso Hinweise auf ausgewählte Internet-Seiten und Literatur zum Weiterlesen.

Ich wünsche Ihnen, dass Sie im Umgang mit Ihren Kindern viel Kraft entwickeln und neue Stärken entdecken.

Danksagung

Tief und herzlich bedanke ich mich bei meiner Frau Kerstin für ihre Geduld, ihre aufbauenden Worte, ihre kritischen Anmerkungen und Rückmeldungen. Dank auch allen Interviewpartnern, Experten und Expertinnen, die ihr Wissen für dieses Buch zur Verfügung gestellt haben.

Vielen Dank an alle Väter, die mir einen Teil ihres Lebens offenbarten, insbesondere Johannes Schiller, Werner Sauerborn, Dietmar Skusa, Vimal Ahrend-Löns, Lutz Braunroth, an alle Väter aus Geburtsvorbereitungskursen und Eltern-Kind-Kursen bei ISIS in Göttingen, aus Vätergruppen im Männerbüro Göttingen, meine Kollegen aus dem Männerbüro Göttingen, meine Kollegin Heike Rahlves, Leiterin des Fachbereichs FrauenLesbenbildung im VNB, Bärbel Klein, Geburtsvorbereiterin bei ISIS, meine Kollegen aus der Redaktion der Zeitschrift PAPS – Welt der Väter und dem Herausgeber Bernhard Schön für die Gelegenheit, mein Wissen und meine Ansichten weiterzugeben.
Die Erzählungen von Vätern in diesem Buch sind mir sämtlich so zugetragen worden. Ich habe sie vermischt und Namen und Lebensdaten der Männer so verändert, dass sie nicht zu identifizieren sind.

Der Kinderwunsch –
Ein Lebenswunsch

Männlicher Kinderwunsch ist kein Thema der Boulevardpresse. Beim Friseur oder beim Zahnarzt liest man nichts darüber. Auch für die Forschung ist er ein weitgehend unbestelltes Feld. Es gibt immer mehr Untersuchungen über Vaterschaft, Mitarbeit von Männern im Haushalt oder die Einstellung von Männern zur Abtreibung, ein eigener Kinderwunsch wird ihnen aber immer noch selten unterstellt. Und Männer tun einiges dafür, dass es auch so bleibt. «Meine Frau wollte ein Kind, und dann kam es eben», höre ich immer wieder. Auch am Männerabend im Geburtsvorbereitungskurs dauert es oft lange, bis werdende Väter nicht von den Gefühlen der Schwangeren, sondern von ihrem eigenen Wunsch sprechen. Öffentlich äußern Männer nur selten einen eigenständigen Kinderwunsch, noch nicht einmal in den nachmittäglichen Talkshows. Auch in Männergruppen ist «Ein Kind haben wollen» kein allabendliches Thema.

«In diese Welt kann man keine Kinder setzen, so kaputt wie die ist. Da gibt es doch keine Zukunftschancen» ist die Begründung vieler junger Männer, wenn sie den Wunsch nach Sterilisation äußern. Eine pseudopolitische Begründung. Wer so argumentiert, hat sich selten seinen wirklichen inneren Widerständen gegen Kinder, seinem eigenen Erleben der Kindheit, seinen Ängsten und Sehnsüchten gestellt. Entsprechend häufig kommt es hier nach erfolgter Sterilisation zum Wunsch nach Refertilisation, zum Wunsch, den Eingriff rückgängig zu machen.

«Einmal Rittmeister, ein Leben lang Zahlmeister», tönt es immer noch vom Stammtisch. Und Geschichten machen die Runde, wie Männer von Frauen ausgenommen und abgezockt werden, wie sich Frauen, kaum haben sie ein Kind, lebenslang vor der Erwerbsarbeit drücken, sich trennen, Kontaktverbote erwirken und den Mann nur zahlen lassen. Frauenfeindlich, sicher, aber auch eine Erfahrung mit einer Schieflage des Kindschaftsrechts (s. a. S. 134 ff.). Vor allem ein Ausdruck immenser Angst, als Mann bei der matriarchalen Konstruktion der heutigen Familie nicht dazuzugehören, nichts zu sagen zu haben. Kinder gehören eben immer noch zur Frau, in den traditionellen Bereich weiblichen Einflusses. Auch die entsprechenden Ministerien in Bund und Ländern oder die zuständigen kommunalen Dezernate sind überwiegend von Frauen besetzt. Männer werden öffentlich eher abwehrend oder als Verhinderer des Wunsches der Frau wahrgenommen.

Exkurs : Andere Völker, andere Zeiten, andere Mythen

Männer zeugen doch höchstens, fruchtbar sind Frauen! Und zwar allein. So glauben noch heute die Ashanti, ein Volksstamm in Westafrika, dass Kinder ausschließlich aus dem Menstruationsblut der Mutter entstehen. Die Mitglieder einiger südafrikanischer Stämme glauben, dass Frauen befruchtet werden, wenn sie sich in einem Regenschauer auf den Boden legen. Auch die Einwohner der Trobriand-Inseln im Südpazifik sahen bis in die 40er Jahre keine Verbindung zwischen Geschlechtsverkehr und Geburt. Nach ihrer Vorstellung bereitet der Geschlechtsverkehr die Frau vor, ihr Kind empfängt sie jedoch während eines Bades in den Wellen des Ozeans.
Die frühesten Statuetten und Bilder der Menschheit stellen Frauen dar. Im Jungpaläolithikum wurden sie aus dem Elfenbein des Mammuts oder weichem Stein geschnitzt, im Neolithikum aus Ton oder Knochen gefertigt. V. Gordon Childe, einer der profiliertesten Frühhistoriker, sieht eine Verbindung der babylonischen Göttin Ischtar, der griechischen und römischen Venus und der katholischen Darstellungen der Jungfrau Maria mit diesen ersten Figurinen der Menschheit: Sie sind Ausdruck eines Fruchtbarkeitsritus; sie zeigen die Anerkennung der Kraft der Frau, ein Kind hervorzubringen.
Wie es auch heute noch bei einigen Stämmen gilt, war in der Steinzeit

die Rolle des Vaters bei der Zeugung unbekannt. Erst in der Bronzezeit tauchen Phallussymbole auf – und in steinzeitlichen Kulturen, die mit Völkern auf dieser Entwicklungsstufe in Kontakt standen. Im sich abzeichnenden Patriarchat musste die Verehrung weiblicher Fruchtbarkeit weichen. Brachte die griechische Urmutter Gäa noch aus sich heraus ihre Kinder zur Welt, war nach Apollodor die griechische Göttin Athene eine patriarchalische Kopfgeburt: Sie entsprang dem Haupte von Götterchef Zeus.

Die Entwertung weiblicher Fruchtbarkeit wurde schon in der Antike philosophisch und wissenschaftlich untermauert. Aristoteles (384 – 322 v.Chr.), noch im 17. Jahrhundert als größter aller Philosophen angesehen, behauptete, die Kinder seien bereits in den Samenzellen des Mannes vorbereitet, die Frau liefere nur das Gefäß, in dem sie wachsen. Dagegen setzte Galen, griechischer Arzt im 2. Jahrhundert nach Christus, die Theorie, Frauen beherbergten vorfabrizierte Embryos, der männliche Samen sprenge nur die Hülle, die darum herum liege. Das war nicht zu beweisen, schließlich hatte noch niemand einen weiblichen Uterus von innen gesehen. Die moslemische wie die christliche geistliche Tradition hemmten mit ihrem Dogmatismus die aufklärende Entwicklung von Medizin und Naturwissenschaften. Erst Ende des 18. Jahrhunderts wurde die Bedeutung der Frau bei der Empfängnis wieder allgemein anerkannt.

Die von Freud Anfang des 20. Jahrhunderts entwickelte Psychoanalyse geht grundsätzlich von einem Gebärneid des Jungen aus. Im Alter von zwei Jahren identifiziert sich ein Junge mit seiner Mutter und will auch ein Kind haben. Während der phallischen Phase, in der er seine Geschlechtsidentität entwickelt, muss er diesen Wunsch verdrängen, denn er erkennt, dass er als werdender Mann keine Kinder gebären wird. Dieser Gebärneid wird in seiner Bedeutung oft mit dem Penisneid des Mädchens gleichgesetzt. Aber der Junge muss seinen Kinderwunsch noch ein zweites Mal verdrängen. In der ödipalen Phase entwickelt er inzestuöse Phantasien. Er will aber nicht nur mit seiner Mutter schlafen, er will auch mit ihr ein Kind zeugen. Auch diesen Wunsch muss er verdrängen, denn er erkennt, dass Mama in Papa bereits einen Partner hat. Ihm bleibt die Identifikation mit dem Vater. Wird die Vaterbeziehung positiv und intensiv erlebt, kann er über diese Identifikation einen Kinderwunsch entwickeln.

Diese zweimalige Verdrängungsleistung kann eine Erklärung sein, warum es Männern so schwer fällt, einen Kinderwunsch zu äußern (vgl. Kühler 1989, S. 142 f.). Diese individuelle Verdrängung wird durch die Jahrtausende dauernde gesellschaftliche Entwertung des Weiblichen gefördert. Wenn Weiblichkeit negativ besetzt ist, wie kann dann ein Mann sich zu etwas bekennen, das so genuin weiblich ist, nämlich die Fähigkeit, Kinder zu gebären? Da müssen dann schon Schöpfungsmythen erfunden werden, die Göttervätern Kinder aus dem Kopf springen lassen.

Die Verhütungsfrage

Warum sind – laut Auskunft des Statistischen Bundesamtes – etwa 75 Prozent der Schwangerschaften ungeplant? (Was nicht heißt, dass die so entstandenen Kinder auch ungewollt sind.) Verhütungsmittel sind sicher, leicht anwendbar, verhältnismäßig billig, leicht erreichbar, außer in streng katholischen Kreisen wird ihr Gebrauch gesellschaftlich gebilligt. Von hundert Frauen, die sich eine Spirale haben einsetzen lassen, wird – statistisch gesehen – noch nicht einmal eine schwanger. Wird mittels Pille verhütet, wird die «Sicherheit» mit bis zu 99 % angegeben. Dank besserer Forschungslage wurden die Hormongaben derart reduziert, dass immer weniger Nebenwirkungen auftreten. Kondome sind spätestens seit ihrer massenhaften Propagierung als Schutz vor AIDS in fast jedem Drogerie- oder Supermarkt erhältlich, und in fast jeder Kneipe steht ein Automat. Oft allerdings für Frauen schwer erreichbar auf der Herrentoilette. Die Sicherheit von Kondomen wird wie die des Diaphragmas mit etwa 97 Prozent angegeben. (Diese Statistiken sagen jedoch nichts über die Koitushäufigkeit und geben auch keine Auskunft, ob das Latex porös war oder das Verhütungsmittel nicht fachgerecht nach Packungsbeilage angewandt wurde.) Im schulischen Sexualkundeunterricht gehört die Anwendung von Verhütungsmitteln zum Lehrplan. Spätestens beim fast obligatorischen

Besuch der Klasse bei Pro Familia werden Kondome aus dem Verhütungsmittelkoffer gezaubert, und Jungen wie Mädchen üben das korrekte Überstreifen der Latex-Haut über einen Phallus aus Holz.

Wie das geht mit der Zeugung, ist also bekannt. Und die Jungen sind meist furchtbar stolz, wenn sie erfahren, dass in einem Teelöffel ihres Ejakulats genügend Spermien vorhanden sind, um theoretisch ganz Tokio zu bevölkern. Jeder Mann und jeder Junge weiß also, dass er jedes Mal, wenn er mit einer Frau schläft und nicht verhütet, Vater werden kann.

Das Kondom ist immer noch das einzige sichere Verhütungsmittel, das vom Mann angewendet werden kann. An der «Pille für den Mann» wird zwar fleißig geforscht, vor allem in China und Frankreich, ein marktfähiges Produkt ist aber bislang nicht dabei herausgekommen. Am ehesten erfolgversprechend ist zurzeit die Entwicklung von Implantaten, die unter die Haut eingesetzt werden. Sie sondern Stoffe ab, die Spermien unbeweglich oder unfruchtbar machen.

Klar, diese Schmiere auf den Kondomen fühlt sich eklig an, und es ist ein blödes Gefummel und immer eine Unterbrechung der schönsten Umarmung, das Ding überzustreifen. Auch Frauen sind davon nicht immer begeistert. Die Alternative: Vater werden! Oder: das Risiko einer Vaterschaft. Und das gehen Männer immer wieder ein. Denn sie überlassen die Verhütung in den allermeisten Fällen der Frau (vgl. Roeder 1997, S. 44 ff.).

Fruchtbarkeit und Lust

Offenbar haben Männer ein grenzenloses Vertrauen in Frauen und dass diese kein Interesse an einer ungeplanten Schwangerschaft hätten. Aber da gibt es den – unbewussten – erotischen Kick, dass immer «etwas passieren kann». Manche Frau findet sterilisierte Männer schlichtweg ungeil. Nach einer Trennung setzen Frauen oft über lange Zeit genommene sichere Verhütungsmittel ab (vgl. Roeder 1997, S. 46). Sie sind ja nicht mehr mit einem Mann dauernd sexuell zusammen. In dieser Zeit ohne feste Bindung lassen sie sich, statistisch gesehen, eher auf erotische Abenteuer ein – und nehmen auch eher das Risiko einer ungewollten Schwangerschaft in Kauf.

Die Autorin Katharina Rutschky sieht vor allem einen Grund, warum Frauen trotz Kenntnis empfängnisverhütender Mittel schwanger werden: Sie wollen wissen, wer sie sind. Denn das ist nur in der Differenz zum anderen Geschlecht erfahrbar, eine Schwangerschaft ist das sicherste und sichtbarste Zeichen, eine Frau zu sein. Sie ist ein klarer Beweis weiblicher Potenz (vgl. Rutschky 1999, S. 17 ff.). Kinderwunsch muss also nicht immer der Grund für eine Schwangerschaft sein.

Auch für Männer ist die Verbindung von Angst und Lust ein erotisches Motiv. Marc-Dietrich, 24, Student der Mathematik: «Mit Susanne, das war eine kurze Affäre, jedenfalls von mir aus. Wir trafen uns auf Feten und in der Disco, wir konnten wunderbar zusammen tanzen. Das steigerte sich ziemlich zu einem erotischen Vorspiel. Da war nur noch die Frage: ‹Zu dir oder zu mir?› Und schon im Hausflur flogen die Klamotten vom Körper. Da gab es keinen Gedanken ans Kondom, bei ihr nicht und nicht bei mir, da regierte nur die Geilheit. Hinterher, da war dann das: ‹Uii, hoffentlich ist nichts passiert!› War erst auch nicht. Beim nächsten Mal gehörte das schon dazu, steigerte die Spannung. Bis sie eben die falsche Farbe auf dem Teststreifen hatte.»

Erst dann kam es zu einem Gespräch. «Da kam raus, dass es für sie auch ein Test war, ob ich zu ihr stehe und zu einem Kind, ob ich mit ihr zusammen sein will oder nicht.» Er wollte nicht. «Dafür fühlte ich mich noch nicht in der Lage, eben zu unreif. Ich wollte mich noch nicht festlegen für den Rest meines Lebens, da kamen die Horrorvorstellungen von den Eltern, Abend für Abend vor dem Fernseher, das Ende der Freiheit. Außerdem will man einem Kind ja auch was bieten, also Geld und so. Ich muss erst einmal das Studium fertig machen und einen Job finden, bevor ich an Familie denke.»

Ernährerrolle und Bindungsangst

Ausbildung ist die Zeit der Freiheit und des Austobens, auch sexuell, dann steht der berufliche Status auf dem Plan, dann die feste Bindung und vielleicht ein Kind. Ist das eine Rückkehr klassisch-männlichen Denkens? Oder ist es eine verantwortliche Position, die erst dann ein Kind will, wenn es auch ernährbar ist? Da ist vor allem viel Angst vor Bindung, vor Festlegung, bei Männern und bei Frauen. (Obwohl inzwischen jedermann und jederfrau klar ist, dass feste Beziehung und Kinder nicht mit «lebenslänglich» gleichzusetzen ist. In unseren Zeiten «serieller Monogamie» liegt die durchschnittliche Dauer fester Partnerschaften zwischen sieben und acht Jahren.) Da wird schnell Zuflucht zur Rolle des unbedarften Jungen genommen, der unreif ist, klein, eher etwas für Mutti als für eine Partnerin.

Bürgerliche junge Männer leben oft weit über die zwanzig hinaus bei den Eltern. Nicht nur verlängerte Ausbildungszeiten, Studium und Zivildienst sind dafür der Grund. Es ist vor allem bequem. Mutter wäscht ihre Socken, ist für Persönliches und Privates zuständig, zu ihr kommen sie, wenn sie Probleme haben. So lernen sie weiterhin, Persönliches und Privates – und damit auch Sexualität und Verhütung – an Frauen zu delegieren, es nicht als den Bereich ihrer Verantwortung zu begreifen. So führen sie fort, was Eltern mit traditioneller Arbeitsteilung ihnen vorleben.

Weiterhin fühlt sich der Mann tief in seinem Inneren als der *Ernährer der Familie*. Erst Beruf und Status, dann feste Partnerschaft und Kinder. Männer aus der Unterschicht sind viel früher mit ihrer Ausbildung fertig als bürgerliche, sind oft mit Anfang zwanzig in der Familienphase, zu einer Zeit, in der viele Studenten noch nicht einmal über feste Bindungen nachdenken. Außerdem wissen sie, dass ihr Arbeitsplatz und damit ihr Verdienst nicht über Jahre gesichert ist und ausreichen wird, um einer Familie den heute als normal geltenden Lebensstandard zu sichern. Die Frau arbeitet auch, ihr Verdienst ist unverzichtbarer Teil des Familieneinkommens, die Versorgung der Kinder muss also Sache beider Partner sein. Eine Untersuchung der Universität Bremen sieht heute junge Facharbeiter als die in ihrem Verhalten am deutlichsten der Gleichberechtigung zuneigenden Männer an. Sie akzeptieren, wenn die Freundin sie zum Abwasch verdonnert, Hauptsache, sie begründet es individuell-pragmatisch und nicht mit «feministischen» Motiven (vgl. Meuser 1998, S. 8 ff.).

Ein weiterer Grund, warum Männer Frauen die Verhütung überlassen, ist die Angst vor einer *Beziehungsdiskussion*. Bloß nicht nachts um drei nach ein paar Glas Bier oder Sekt und der Aussicht auf ein paar heiße Stunden eine Debatte über die Liebe anfangen und wie wir zueinander stehen. Das kann leicht ins Auge gehen. Frauen sehen das Umgehen der Verhütungsfrage durch Männer auch als Bindungswunsch (vgl. Roeder 1997, S. 35 f.). Wenn er dieses Risiko eingeht, heißt das, er kann sich eine Zukunft mit mir vorstellen. Und er fühlt sich auch in der Lage, eine feste Bindung einzugehen, denn ein Kind legt einen ja schon auf ein paar Jahre fest, zumindest bis es aus dem Gröbsten raus ist. Vielleicht will er nicht sofort, aber grundsätzlich schon, so interpretiert manche Frau das männliche Schweigen.

Um es noch einmal klar zu sagen: *Wenn ein Mann nicht Vater werden will, muss er sich um die Verhütung kümmern, im Zweifelsfall ein Kondom benutzen!* Das heißt: Die Verhütungsfrage ansprechen und klären. Je selbstverständlicher das für ihn ist, desto klarer muss auch die Frau ihren Kinderwunsch aussprechen. «Einfach so passieren» kann eine Schwangerschaft dann nicht mehr.

Trotz aller Aufklärung und dem Selbstbild, mit Sexualität ganz natürlich umgehen zu können, wird über Verhütung selten gesprochen. Erst, wenn eine Beziehung auf Dauer angelegt ist oder sein soll, wird die Wahl des richtigen Kontrazeptiums zwischen Mann und Frau diskutiert. Auch dann ist es fast immer die Frau, die das Thema anschneidet. Die traditionelle Aufteilung der Zuständigkeiten ist trotz aller pädagogischen und publizistischen Bemühungen sehr zählebig.

Männer und ihr Kinderwunsch heute

Die meisten Männer geben an, der Kinderwunsch sei zuerst und in stärkerem Maße von der Frau ausgegangen, Dietrich, 31, Zahnarzt, ist demzufolge eher zufällig in die Vaterschaft geraten. «Mein Sohn ist das Produkt eines geplatzten Parisers», erzählt er nicht ohne Stolz. «Über Kinder haben wir nicht gesprochen, obwohl ich gespürt habe, dass sie gerne Kinder haben wollte. Dann passierte dieser Unfall und wir diskutierten nächtelang über Abtreibung oder nicht. Ich hatte zunächst kein Gefühl dazu, wollte sie zu nichts drängen. Bei ihr kam das gar nicht gut an, sie meinte, ich würde nicht Stellung beziehen und sie allein lassen. Auch wenn ich einsah, dass sie damit Recht hatte – ich hatte immer noch kein eindeutiges Gefühl zum Kinderkriegen. Aber ich hatte auch nichts wirklich dagegen. Das konnte sie überhaupt nicht nachvollziehen.» Dietrich hat also seiner Partnerin die Entscheidung überlassen, ihr aber versichert, er werde sie mittragen – und wurde Vater. «Als das klar war, merkte ich, dass ich glücklich bin, und habe dann ihre Schwangerschaft sehr intensiv miterlebt.»

Axel, 38, Bäckermeister, konnte keine Kinder bekommen, die Anzahl der Spermien und deren Beweglichkeit war zu gering. Seit mehreren Jahren lebte er mit seiner Frau zusammen, sie wurde immer unglücklicher, gestand ihm endlich ihren Kinderwunsch. «Das warf mich erst einmal in ein tiefes Loch, denn es zeigte mir die Unmöglichkeit, sie glücklich zu machen. Ich hatte mir keine Gedanken über Kinder gemacht, es war klar, es geht eben nicht. Außerdem hatten wir gerade unseren Betrieb erweitert und ich war beruflich sehr eingespannt. Aber ich merkte, wie wichtig mir eine gute Partnerschaft ist, und knüpfte Kontakte zur Adoptionsvermittlung.» Seine Frau war sehr froh darüber, ihre depressiven Phasen besserten sich zusehends. In den intensiven Gesprächen in der Gruppe der Adoptionswilligen mit einer Psychotherapeutin und einem Sozialarbeiter wurde Axel bewusst, dass ihm etwas fehlt. «Ich war ziemlich auf den Beruf fixiert und zehrte mich darin auf. Unsere Partnerschaft lief gut, aber nach fast zehn Jahren war ein bisschen der Dampf raus.» In einer Sitzung malte jedes Paar ein Bild. Im anschließenden Gespräch sollte herausgefunden werden, wie das Bild noch zu ergänzen ist. «Da hatte ich ein klares ‹Ja› in mir, ganz hell, ganz klar. Ich war richtig erfüllt davon.» Drei Wochen später hielt er ein zwei Monate altes Mädchen im Arm. «Das war eine ziemlich kurze Schwangerschaft, und die Vorbereitungszeit fehlte mir, ich hatte noch viel zu lernen.»

Hugo lebte in einer glücklichen Beziehung. Bis seine Freundin dem 27-jährigen Musiker eröffnete, sie wolle Kinder haben. Er sah keine Chance, Beruf und Familie zu vereinen. «Schließlich reise ich ständig herum, von Auftritt zu Auftritt, habe mal ein halbes Jahr ein Engagement in einer Stadt, dann wieder 300 Kilometer weiter weg. Außerdem:

Kind – auweia, der Tod jeder Kreativität und Entfaltung. Ein Opernchor aus Kindergeschrei, nein danke.» Also trennten sie sich. «Das war erst recht der Tod der Kreativität. Ich hing durch, es ging mir schlecht, es war mir so klar, dass ich Yvonne liebe.» Ein Treffen bei Freunden brachte zutage, dass es ihr nicht anders ging. Wollte er mit ihr zusammen sein, würde er auf seine Art Freiheit verzichten müssen. Sie kamen überein, zunächst zusammenzuziehen und sich mit dem Kind ein Jahr Zeit zu lassen. «Erst hatte ich den Eindruck, ich mache das ihr zuliebe, für sie nehme ich ein Kind in Kauf. Aber dann hatte ich ein Opernprojekt abgeschlossen, es war ein großer Erfolg – und in der Nacht haben wir dann das Kondom weggelassen und das ging von mir aus. Ich weiß immer noch nicht richtig, wieso. Es war ein spontanes Gefühl, mit dieser Frau willst du fruchtbar sein. Und das hält immer noch an.»

Der Kinderwunsch ist ein Lebenswunsch

Ob und wie Männer einen Kinderwunsch äußern oder sich langsam zu einem Kind durchringen, hängt sehr mit der Qualität der Kommunikation in der Partnerschaft zusammen. Kinderwunsch ist ein Lebenswunsch, der völlig andere Perspektiven eröffnet und völlig neue Verantwortlichkeiten mit sich bringt. Ambivalenzen sind daher normal und müssen ausgesprochen, gemeinsam erörtert werden. Frauen müssen Männer mit ihren Ambivalenzen ernst nehmen. In unserer Gesellschaft gewinnen Männer Anerkennung durch Leistung im Beruf, ihre Identität ist eng mit der Berufstätigkeit verknüpft. Sind sie mit dem Kinderwunsch der Frau konfrontiert, kommt schnell der Gedanke, nur noch Familienernährer zu sein, Freiheit aufgeben zu müssen. Was sie im Leben mit einem Kind gewinnen können, welche Entfaltungs- und Entwicklungschancen, welche neuen Perspektiven Vaterschaft beinhalten kann, muss sich erst langsam in ihrer Gedanken- und Gefühlswelt festsetzen. Wer Erfahrungen mit Kindern hat, wer weiß, wie er Zugang zu ihnen bekommt und mit ihnen kommuniziert, für den ist ein Kinderwunsch näher und natürlicher.

Auch die «*Naherfahrung*» *der Vaterschaft* eines Freundes kann dazu führen, den eigenen Kinderwunsch zu erkennen. Bernward spielte mit Hugo im gleichen Orchester. Er bekam seine Beziehungskrisen und seine Auseinandersetzung um Vaterschaft hautnah mit, in Gesprächen auf langen Spaziergängen und an langen Abenden an der Theke. Und es war die Erfahrung, dass Vaterschaft einen Menschen positiv verändern kann. «Es war Hugo anzusehen, wie glücklich er mit seinem Kleinen ist. Das gab mir einen richtigen Stich, denn das ist etwas, das ich bis jetzt nicht erfahren habe. Er hat sich deutlich verändert. Er ist verbindlicher, hält Termine besser ein, hat an Selbstbewusstsein gewonnen, tritt stärker auf. So merkwürdig es klingt: Er wirkt männlicher. Wenn ich den Kleinen mal auf dem Arm habe, ertappe ich mich bei dem Gedanken, wie das wohl mit einem eigenen wäre.»

Jörg, 26, Physiotherapeut, arbeitete auf seiner Station im Krankenhaus mit einer Kollegin zusammen, die schwanger wurde. Sie freundeten sich an, sie erzählte, wie sie sich fühlt mit dem dicker werdenden Bauch, er erlebte auf diese Weise – nicht aus der Ferne, aber auch nicht direkt betroffen – die Schwangerschaft mit. Er war begeistert davon, von all den körperlichen Veränderungen, vom wachsenden Leben, kaufte ein Buch mit Fotos vom sich entwickelnden Embryo und schenkte es seiner Freundin. Die war zunächst gar nicht erfreut. «Da ging mir auf, dass sie meinte, ich will ein Kind mit ihr. Sie hatte noch keine Gedanken daran, wollte erst ihre Ausbildung zu Ende bringen. Wenn wir durch die Stadt gingen, schaute ich in jeden Kinderwagen, fand alle Babys süß und niedlich. Aber erst, als meine Kollegin mich fragte, wie ich mir meinen Kinderwunsch erfüllen wollte, habe ich erkannt, dass ich wirklich einen Kinderwunsch habe.»

Johannes, 41, Grundschullehrer, hatte schon zwei Mädchen. «Mit ihnen hatte ich viele Höhen und Tiefen der Elternschaft durchlebt. Die Jüngere war acht Jahre alt, als meine Frau wieder schwanger wurde. Eigentlich hatten wir das Thema ‹Familienplanung› abgeschlossen. Sie gab Kurse und wollte in die Selbständigkeit. Wir haben überlegt, ob eine Abtreibung nicht sinnvoll wäre. Als ich mir das vorstellte, merkte ich, wie sehr ich mich freute auf das neue Wesen. Tief empfundene Freude im ganzen Körper. Meine Frau meinte: ‹Du siehst so glücklich aus!› – Und das war ich auch. So haben wir uns dafür entschieden.»

Dietmar, 32, hat ein Geschäft für Anglerbedarf übernommen. «Wir waren vier Kinder, meine Schwester wurde zehn Jahre nach mir geboren. Da habe ich in meinen wilden Jahren immer ein kleines Kind um mich herum gehabt und musste oft auf sie aufpassen und sie in den Kindergarten bringen. Im Mützen-Aufsetzen und Schuhe-Binden war ich geübt. Meine Schwestern haben schon vor ein paar Jahren Kinder bekommen, als ich noch bei meinen Eltern wohnte. Sie waren oft da, haben Unterstützung gesucht, wollten mal die Kinder abgeben oder einen Kaffee trinken und reden. Ich bin immer von Kindern umgeben gewesen, da war es für mich völlig natürlich, dass ich auch Kinder haben wollte.»

Diese drei Statements unterstreichen, was auch die Untersuchung der Universität München von 1994 bestätigt: Wenn Männer Umgang mit Kindern haben, die Anwesenheit von Kindern in ihrem Umfeld normal ist, sie eine eigenständige Art der Kommunikation mit Kindern erfahren können, fällt es ihnen leichter, zu ihrem Kinderwunsch zu stehen (vgl. Roeder 1997, S. 15). Sie können ihn eher spontan äußern, das Thema «Kinder» ist generell positiv besetzt.

Lebensfreude – der beste Grund für Kinder

Wer seine eigene Kindheit als unbelastet oder glücklich bezeichnet, hat generell eine positivere Einstellung zu Kindern und äußert von sich aus eher einen Kinderwunsch. Was man selbst gern erfahren hat, gibt man auch selbst gern weiter. Und stärker noch: Wer eine positive Lebenseinstellung hat, wer Lebensfreude empfindet, hat einen stärkeren Kinderwunsch. Die Freude am eigenen Leben ist der beste Grund, Kinder in die Welt zu setzen.

Aber das bedeutet nicht, dass ein Mann mit Kinderwunsch auch die Chance erhält, diesen zu verwirklichen. Ralph, 34, Hörgeräteakustiker, wünscht sich seit über zehn Jahren nichts sehnlicher, als endlich Vater zu werden. «Ich finde keine Frau, die diesen Wunsch mit mir teilt», klagt er. «Meine letzten drei Beziehungen sind an dieser Frage gescheitert.» Obwohl er mit den Frauen in einer Wohnung lebte und mehrere Jahre mit ihnen zusammen war, sogar anbot, seinen Beruf auf Jahre zurückzustellen. Seine Erklärung: «Frauen wollen eben auch im Beruf etwas werden, das steht für sie an erster Stelle. Ein Kind macht Dreck und schränkt Karrierepläne ein. Aber vielleicht ist ein Mann, der den Beruf zugunsten der Kinder zurückstellen will, auch nicht attraktiv. Oder es besteht die Gefahr, dass er sich zu sehr in die Erziehung einmischt und damit ihre Macht als Mutter beschneidet.» So kann die Orientierung am männlichen Modell des im öffentlichen Leben stehenden Arbeitsmannes zur Entwicklung einer kinderlosen und kinderfeindlichen Gesellschaft beitragen.

In der Studie «Männer im Aufbruch» (vgl. Volz / Zulehner 1998, S. 142) wurden Männer und Frauen nach ihrem Kinderwunsch befragt. Der ist natürlich abhängig von der Zahl der bereits vorhandenen Kinder. So äußern 23 Prozent der Deutschen einen Kinderwunsch und entgegen mancher Alltagsmeinung ist er bei Männern (25 Prozent) höher als bei Frauen (19 Prozent). Ob es daran liegt, dass Frauen wissen, worauf sie sich einlassen und Männer gern diese Arbeit delegieren? Nein, denn bei eher traditionell orientierten Männern liegt die Zahl bei nur 14 Prozent. «Neue Männer», die eher häuslich und familiär orientiert sind, äußern zu 32 Prozent einen Kinderwunsch.

Tipps *zum Kinderwunsch*

- Beobachten Sie Ihr Verhalten gegenüber Kindern. Haben Sie viel mit ihnen zu tun oder eher wenig? Wie nehmen Sie Kontakt zu Kindern auf, wie sprechen Sie mit ihnen, was sind ihre Lieblingsspiele?
- Was fühlen Sie, wenn Sie ein Baby sehen? Geht Ihr Herz auf oder denken Sie an dreckige Windeln?
- Hatten Sie eine glückliche Kindheit?
- Welche Erwartungen in puncto Vaterschaft stellt Ihre Herkunftsfamilie vor allem Ihr Vater, Ihre Mutter an Sie? Sollen Sie eine Familientradition fortführen? Sollen Sie dafür sorgen, dass der Name der Familie nicht ausstirbt? Würden sie sich über einen Enkel freuen?
- Formulieren Sie Ihre Ängste und Ambivalenzen gegenüber Kindern und Vaterschaft. Nehmen Sie sie ernst!

- Sprechen Sie mit Freunden und Freundinnen darüber. Das hilft, Standpunkte zu finden, Unterstützungsbereitschaft abzuklären und Ängste zu vermindern.
- Sprechen Sie mit Vätern über ihre Erfahrungen. Unternehmen Sie etwas gemeinsam mit einem Vater und seinem Kind. Realität hilft gegen Hirngespinste.
- Nehmen Sie den Kinderwunsch Ihrer Partnerin ernst, aber lassen Sie sich nicht drängeln.
- Bleiben Sie in Austausch mit Ihrer Partnerin.

Über werdende Väter –
Die Schwangerschaft

Wie soll man einen Mann bezeichnen, dessen Partnerin bald ein Kind gebären wird?

Schwangerer Mann? Das ist falsch, denn das Kind wächst im Bauch der Frau, und das Erleben der Schwangerschaft von Mann und Frau ist nicht zu vergleichen. Werdender Vater? Diese Bezeichnung beginnt sich langsam durchzusetzen. Beschrieben wird damit jedoch ein zukünftiges Ereignis, nicht der Zustand oder das Erleben eines Mannes, dessen Partnerin ein Kind erwartet. Diese Gesellschaft hat bislang keine Bezeichnung gefunden für einen solchen Mann. Und wofür es nicht einmal ein Wort gibt, das hat auch keinen gesellschaftlichen Wert. Erst langsam beginnt sich ein Bewusstsein dafür zu entwickeln, dass die Zeit der Schwangerschaft auch für Männer eine Bedeutung hat und sie in dieser Zeit viele Veränderungen durchleben. Der Mann, der sie als Zeit der Vorbereitung auf das Leben mit dem Kind nutzt, ist also immer noch ein Pionier.

Ein Mann erfährt durch den Mund der Frau, dass er Vater wird. Jedenfalls, wenn das Paar eine gute kommunikative Basis hat und sich auch schon vorher über einen Kinderwunsch ausgetauscht oder gar geeinigt hat. Selbst dann fällt es vielen Frauen schwer, die richtigen Worte oder die richtige Situation für die Mitteilung des positiven Testergebnisses zu finden. Denn es gibt diese verteufelte Angst der Zurückweisung, gerade in dieser Situation, die das Leben zu zweit erweitert, die Liebe und Zuneigung als Basis auf die Probe stellt.

«Sie haben Gewissheit. Und der Vater hat keine Ahnung?», fragt Milupa in dem Sammelordner, den die Firma über Frauenärzte und -ärztinnen an werdende Mütter verteilen lässt. Die Tipps der selbst ernannten «Mutter & Kind AG»: Die romantische Frau inszeniere ein Candle-Light-Dinner. Er werde schon wissen, was sie ihm zu sagen habe. Die doppelbelastete Frau lasse zwischen Bügelbrett und Schreibtisch die Bemerkung fallen, man sei bald zu dritt. Und die coole Frau stelle ein Babyfläschchen in den Kühlschrank.

Als Witz ist das nicht gedacht. Es ist ein Beleg dafür, wie schwer es Paaren fällt, über die gemeinsame Zukunft, über ihre Liebe, ihre Fruchtbarkeit und ihre Beziehung, über Erwartungen an den Partner und ihre eigenen Lebenswünsche zu sprechen. Denn wenn er oder sie negativ auf etwas reagieren, was ihm oder ihr lebenswichtig ist – dann gibt es keine Basis für eine gemeinsame Zukunft. Das Risiko will aber keiner von beiden eingehen. Also wird mit allen während der Sozialisation als Frau oder Mann erlernten Tricks versucht, ihn oder sie dahin zu manipulieren, jene Lebenswünsche als die eigenen anzuerkennen.

Milupa empfiehlt: «Und seien Sie nachsichtig, wenn er einige Zeit braucht, sich mit der neuen Situation abzufinden.» Offenbar kommt auch ein marktführendes Unternehmen nicht auf die Idee, dass Paare sich untereinander verständigen. Und erst recht nicht auf die Idee, dass Männer vielleicht auch einen Kinderwunsch haben. Die müssen der neuen Situation auch nicht zustimmen, sie werden gar nicht erst gefragt. Offenbar bekommt frau einfach dann ein Kind, wenn sie will, und der Mann hat sich eben damit abzufinden. Ob der Mann, der sich «mit der Situation abfindet», ein guter Vater wird, wage ich zu bezweifeln. Auf diese Weise werden althergebrachte familiale Rollen- und Machtverteilungen reinszeniert und verfestigt. Wer sich in den nächsten 20 Jahren oder länger mit einer Situation abfinden muss, wird sie nicht verantwortlich, kreativ und positiv mitgestalten, wird die Frau für die Misere seines Lebens beschuldigen – sie hat ja das Kind gewollt und in die Welt gesetzt.

Solche Kränkungen erleben Männer immer wieder. Nicht, dass sie grundsätzlich gegen Kinder wären. Nein, sie wollen mitentscheiden und gefragt werden. Holger, 23, Geologie-Student, drückt es so aus: «Ich war völlig überrascht, als sie mir den Teststreifen unter die Nase hielt. Es hatte vorher kein Gespräch, keinen Austausch über Kinder oder ihren Kinderwunsch gegeben. Also richtig aus heiterem Himmel. Ich fühlte mich überrumpelt, es wurde über mich entschieden, basta. So nicht. Und dann haben wir über Abtreibung diskutiert. Ich hätte mich gut gefühlt, wenn von vornherein klar gewesen wäre, wir wollen ein Kind, jetzt machen wir es.»

Die Medizin-Wissenschaftlerin Dr. Helgard Roeder (vgl. Roeder 1997, S. 34 ff.) fand in ihrer Untersuchung heraus, dass solche narzisstischen Kränkungen häufig zum Wunsch nach Abtreibung führen. In einem Paargespräch bei Pro Familia konnten Holger und seine Freundin sich über ihre Grundhaltungen zu Kindern und Kinderwunsch klar werden, ihren gegenseitigen Ärger und die erlebten Kränkungen ausdrücken und in einen fruchtbaren Dialog über ihre Lebenswünsche und Zukunftsvorstellungen eintreten. Das Trauma der Abtreibung haben sie sich so erspart, und Holger ist stolz auf seinen kleinen Sohn.

Freude und Stolz, Angst und Neid

Stolz und Freude sind oft die erste Reaktion von Männern auf die Nachricht, dass sie bald Vater werden. «Wow! Ich war das! Ich habe meine Freundin schwanger gemacht! Da wächst mein Kind im Bauch! Ich bin mit geschwellter Brust herumgelaufen und habe es erst einmal allen Freunden und Verwandten erzählt. Alle sollten es wissen», beschreibt Jörg, der Physiotherapeut, seine erste Reaktion auf die Schwangerschaft. Seine Freude teilte sich auch seiner Freundin mit. «Wir hatten eine sehr schöne Zeit miteinander. Unsere Freunde meinten, wir sähen richtig frisch verliebt aus.» Jörg barst regelrecht vor Energie. Er begann ein Buch über Körperarbeit zu schreiben und machte Pläne für eine eigene Praxis. «In den ersten Monaten der Schwangerschaft lief einfach alles ganz fantastisch, wie von selbst. Ich hatte eine absolute Hochphase und dachte, ich kann alles schaffen.» Als seine Partnerin eine Grippe bekam und er sich um sie kümmern musste, wurde ihm klar, dass er seine Energie in Zukunft mehr in die Familie würde stecken müssen. «Ich will mich doch um mein Kind kümmern und meine Freundin nicht den ganzen Tag allein lassen mit dem Kleinen. Bis eine

Praxis läuft, das dauert ein paar Jahre. Und bis dahin ist es mit einer 40-Stunden-Woche nicht getan.»

Auch Dietmar, der Besitzer des Angelgeschäfts, fühlte sich voller Energie, nachdem er die Nachricht erhalten hatte. «Wir haben uns sexuell noch einmal ziemlich ausgetobt. Am liebsten hätte ich gleich noch drei Kinder gemacht, so potent fühlte ich mich.» Das kam auch dem Geschäft zugute, er expandierte und stellte neue Leute ein. «Das war natürlich viel Arbeit, aber es war im Endeffekt gut für die Familie. Die Leute waren eingearbeitet, der Laden lief, und ich musste mich zum Ende der Schwangerschaft und in der ersten Zeit nach der Geburt nicht dauernd ums Geschäft kümmern.»

Generativität und Kreativität

Viele Männer setzen den Energieschub, der durch die Schwangerschaft bei ihnen ausgelöst wird, in handwerkliche Tätigkeiten um. Das klingt nach der traditionellen Männerrolle, nach der ein Mann für die Familie ein Heim schaffen, nötigenfalls eine neue Wohnung suchen, den Umzug organisieren, das Kinderzimmer einrichten, eine Wickelkommode schreinern muss. Rolle hin oder her: Eine Familie braucht eine Bleibe, ein Kind einen sicheren Ort, um aufwachsen zu können. Natürlich kann auch eine Frau diese Arbeiten erledigen. Aber weder wenn die ersten drei Monate von Brechreiz begleitet sind, noch in der glücklichen Versunkenheit der mittleren Phase, erst recht nicht in den beschwerlichen letzten Wochen wird sie von sich aus danach drängen. Also übernimmt meist der Mann diese Aufgabe.

Für Walter, 28, Tischler, war es seine persönliche Art, sich mit der Schwangerschaft auseinander zu setzen, sich auf das Kind vorzubereiten. «Wenn ich das Holz ausgesucht habe, Maß genommen und die Säge angesetzt habe, hatte ich schon vor Augen, dass bald mein Kind in dem Bettchen liegt. Irgendetwas wollte ich eben auch tun, nicht nur zuschauen, wie der Bauch wächst.»

Holger fragte, «zunächst aus finanziellen Gründen», bei Verwandten und Bekannten, aber auch in Boutiquen und Second-Hand-Läden nach Babykleidung. «So kam ich mit Vätern und Müttern ins Gespräch, konnte Fragen stellen und ein bisschen mitbekommen vom Leben mit Kind. Ganz wichtig war mir, die Klamotten zu waschen und aufzuhängen. Da wurde mir richtig warm ums Herz. So kleine Hemdchen, da soll der reinpassen? Da fand ich ihn auf einmal ganz niedlich, obwohl er noch gar nicht da war.»

Dieser Energieschub, der Zusammenhang zwischen Generativität und Kreativität, wird in der Psychoanalyse auch als Ausdruck des verdrängten und abgewehrten Gebärneides gesehen (vgl. Kühler 1997, S. 129 ff.). Er gilt als Versuch, der Fähigkeit der Frau, Kinder zu gebären, ein gleichwertiges Äquivalent entgegenzusetzen. Nur ganz wenige Männer bekennen sich zu einem Gebärneid, die meisten weisen ihn als spinnertes Ansinnen oder therapeutische Unterstellung zurück. So auch Jörg, der im Geburtsvorbereitungskurs berichtete, wie seine Partnerin Leben in sich wachsen zu spüren. «Wenn ich an ihr liege, den Bauch streichele, spüre, wie das Kleine sich bewegt und sie erzählt, wie sich das anfühlt, dann frage ich mich, wie das wohl wäre, wenn so etwas in mir wächst. Aber Neid? Nein, so würde ich das nicht nennen.»

Männerkindbett

Als Couvade bezeichnet man das so genannte Männerkindbett. Die Couvade gibt es in verschiedenen Naturvölkern, in denen der Vater die Geburt mit Ritualen, Bädern und Ernährungsregeln begleitet (vgl. Parseval 1985). Dabei bleibt der Vater nach der Geburt über Tage oder Wochen im Bett – während die Frau aufsteht und die alltäglichen Arbeiten verrichtet. Die Couvade wird immer wieder als Ausdruck des Gebärneides und des Versuchs der Männer interpretiert, sich die Gebärfähigkeit der Frauen anzueignen. Aggressiven Impulsen des Vaters gegen das Kind soll vorgebeugt und ein Besitzanspruch des Vaters dokumentiert werden (vgl. ebd.). Wie auch immer man dieses Phänomen sieht, in jedem Fall bedeutet es eine besondere Beziehung des Vaters zu seinem Kind.

Von einem ähnlichen Phänomen berichtet Ernesto, 52, Bandoneon-Spieler aus Bogotá:

«Einen Tag vor der Geburt meiner Tochter bekam ich starke Schmerzen, ein Ziehen im Bauch, immer wieder. Ich musste mich übergeben, dabei hatte ich nichts Falsches gegessen. Ich war ganz bleich, als wir in der Klinik ankamen. Meiner Frau ging es gut, sie hatte kaum Schmerzen während der Wehen, obwohl der Muttermund schon weit offen war. Ich wollte ihr helfen, konnte sie aber nicht halten, weil ich so sehr mit den Schmerzen in meinem Bauch beschäftigt war. Die Geburt ging schnell und glatt, nur die Presswehen taten meiner Frau weh. Kurz danach wollte sie schon wieder aufstehen und herumlaufen, während ich mich ziemlich erschlagen fühlte und ausruhen musste.»

Ernesto hat die Schmerzen seiner Frau übernommen, sodass sie die Geburt relativ leicht überstand, ein psycho-physisches Übertragungsphänomen. Wer es als Ausdruck des Neides auffasst, übersieht, dass es ein psychisches Zusammenspiel des Paares gegeben hat und dass für die Frau die Geburt leichter war. Hier waren die Rollen nicht so klar verteilt, wie es in Westeuropa üblich ist. Ist es also nicht eher ein Akt unbewusster Solidarität mit der Frau, wenn Männer körperliche Anzeichen der Schwangerschaft fühlen und gesundheitliche Beschwernisse empfinden?

Von körperlichen Veränderungen während der Schwangerschaft berichten Männer immer wieder. Vor allem, dass sie an Gewicht zunehmen und auch ihr Bauch sich vergrößert, wird immer wieder schmunzelnd zur Kenntnis gegeben. In manchen Geburtsvorbereitungskursen vergleichen nicht nur die Frauen, sondern auch die Männer ihre Bäuche und bemerken durchaus anerkennend den gestiegenen Umfang. Dietmar: «Ich habe mindestens fünf Kilo zugelegt – und bin noch immer nicht davon runter.» Aber auch Zahnschmerzen, Appetitlosigkeit, Übelkeit, Erbrechen, Rückenschmerzen und sogar Scheinschwangerschaften wurden bei Männern beobachtet. Die Ursachen sind psychischer Natur, sie sind eine Reaktion auf die Schwangerschaft der Frau.

Eine Schwangerschaft rührt an tiefen seelischen Schichten. Hier geht es nicht um bewusste Erinnerungen aus der Kindheit, sondern um fundamentale Erlebnisse des Säuglings oder des Ungeborenen. Auch Männer identifizieren sich während der Schwangerschaft unbewusst mit dem Ungeborenen und erleben eigene früheste Empfindungen wieder (vgl. Kühler 1989, S. 100 ff.). Die eigene Befindlichkeit während der Schwangerschaft ist – so die These – davon beeinflusst, wie man sich zu Beginn seines Lebens gefühlt hat. Auch hier können Ursachen für psychogene körperliche Veränderungen während der Schwangerschaft liegen.

Es gibt also keinen Grund für Männer, sich für «Schwangerschaftsstreifen» oder den Verlust eines Zahnes zu schämen – und für Frauen gibt es keinen Grund, sich über ein paar Pfund mehr bei ihrem Partner lustig zu machen. Es gehört einfach zum Vater-Werden dazu.

Anregung: *Ängste vor dem Verlust der Freiheit formulieren*

Die häufigsten von Männern während der Schwangerschaft geäußerten Befürchtungen haben mit der Unsicherheit zu tun, dass sie nicht wissen, was auf sie zukommt, mit der Angst, dass Freiheit und Spontaneität nun der Vergangenheit angehören, dass sie dazu verdammt sind, die Ernährerrolle zu übernehmen.

Falls auch Sie solche Ängste verspüren und sich darüber klar werden möchten, wie Ihr Leben mit Kind wohl aussehen wird, hier zwei Anregungen zum Nachdenken:

Tragen Sie in Kreis 1 ein, wie viel Zeit Sie am Tag verbringen mit Arbeit, Fahrten, Schlafen, Haushaltstätigkeiten, Körperpflege, Essen, Sport, politischer und ehrenamtlicher Arbeit, Hobbys, Weiterbildung, Fernsehen, Freizeit und kulturellen Aktivitäten, Freunden, Beziehung zur Partnerin, Sex, Sonstigem ...

■ Reflexion: Welche Aktivitäten sind Ihnen am wichtigsten? Welche können oder wollen Sie auf keinen Fall einschränken? Welche würden Sie gerne ausdehnen? Auf was können Sie verzichten oder es reduzieren?

Kreis 1

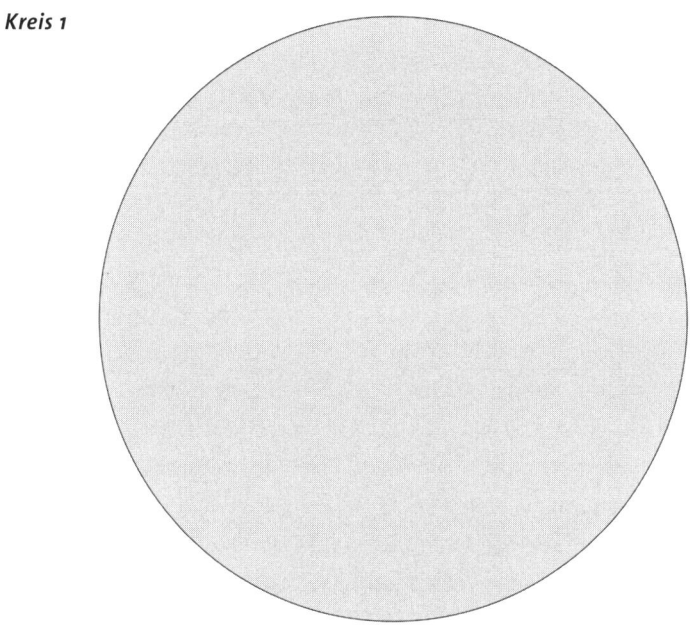

Versuchen Sie nun, in Kreis 2 noch zusätzlich Füttern, Wickeln, Körperpflege des Babys, insbesondere Baden, Spaziergänge mit dem Kind, Trösten, Spielen, Babygruppe, Arztbesuche, Sonstiges ... unterzubringen.

■■■■ Reflexion: Wo müssen Sie jetzt Abstriche machen oder zeitweilig Zuge-
ständnisse? Wie schwer wird Ihnen das fallen? Wie viel Zeit können Sie
demnach mit dem Baby verbringen? Was können Sie in dieser Zeit tun?
Wofür wünschen Sie sich mehr Zeit? Wer ist in der Zeit, die Sie nicht mit
ihm verbringen, für das Kind zuständig? Was soll in dieser Zeit nach
Ihrem Wunsch erledigt werden?

Nutzen Sie diese Reflexion als Vorbereitung auf ein Gespräch mit Ihrer
Partnerin. Damit zeigen Sie ihr, dass Sie sich Gedanken über die Zeit
mit Kind machen, eigene Vorstellungen haben und nicht von ihr still-
schweigend erwarten, dass sie alles regelt. Auch Frauen haben Angst
vor Überforderung durch das Kind. Nutzen Sie die Zeit der Vorbereitung aktiv und gemeinsam. So stehen Sie als Vater weder als Familien-
flüchtling noch ausschließlich als Adressat weiblicher Forderungen
nach Entlastung da.

Gregor, 30, Verlagskaufmann, bekam zunächst einen Riesenschreck, als
er sich klar machte, wie deutlich seine Zeit nach der Geburt von Ar-

beit und Familie bestimmt sein würde. «Kaum noch Zeit für mich – damit habe ich erst einmal ziemlich gehadert. Aber dann habe ich mir genau angeschaut, wie ich im Alltag meine Zeit verbringe und was mir wirklich wichtig ist. Abendliche Kneipengänge oder nach der Arbeit mit den Kollegen noch schnell auf ein Bier – das waren etliche Stunden die Woche, die oft bloß im Gelaber endeten. Da sind mir meine Beziehung und das Kleine schon wichtiger. Auf das tägliche Jogging will ich allerdings nicht verzichten.»

Im Gespräch mit seiner Partnerin war er überrascht, wie bereit sie war, ihm Zeiten für sich zuzugestehen und Arbeitszeiten im Haushalt realistisch aufzuteilen. «Nur verlässlich sollte das sein. Und natürlich will sie auch einmal einen Abend für sich.» Dann wäre er für das Baby zuständig. «Na klar», grinst er. Und ist selbst überrascht, wie er sich darauf freut. «Das war für meine Partnerin sehr wichtig, noch einmal klar zu sehen, dass ich mich auf das Kind freue.»

Vorher rechnen vermeidet Konflikte

Selbstverständlich sind Einschränkungen nötig, nicht nur, was das Budget der «Zeit für sich selbst» angeht. Viele Männer fragen sich, ob sie jetzt die alte Ernährerrolle übernehmen müssen. Die Antwort ist in den meisten Fällen ein «ja, aber». Üblicherweise nimmt die Frau, die normalerweise weniger verdient als der Mann, den ersten Teil des Erziehungsurlaubs. Um den Ausfall ihres Gehaltes teilweise zu kompensieren, meinte Hugo, er müsse schon in der Schwangerschaft zusätzliche Konzerte einplanen. «Das bedeutet natürlich auch zusätzlich proben, eben weniger Zeit fürs Kind.» Nach genauerem Rechnen wurde klar, dass sie mit einigen Einbußen mindestens ein halbes Jahr ohne das Gefühl von Verlust über die Runden kommen würden. Hier ist Kreativität gefragt und eine gute Analyse, ob die Mehrarbeit tatsächlich so viel mehr Geld bringt und ob nicht doch einige berufliche Einschränkungen ein Plus an Lebensqualität – Zeit für die Familie – bedeuten.

Die Ausgaben für die Familie werden steigen, während das Einkommen zumindest während des Erziehungsurlaubes geringer ist. Manfred Garhammer (1996, S. 14 ff.) hat errechnet, dass das verfügbare Pro-Kopf-Einkommen beim ersten Kind um über ein Drittel sinkt, sich beim zweiten Kind halbiert. Das erklärt, warum gerade junge Väter in der ersten Familienphase mehr arbeiten. Der Verdienst erhöht sich allerdings nicht proportional zur steigenden Arbeitszeit, sodass man die Rechnung «Arbeitszeit versus Lebensqualität» für sich persönlich aufmachen muss.

Wird dieses Problem nicht partnerschaftlich erörtert, rutschen Männer schnell in die Ernährerrolle, das Paar in die «Traditionalisierungsfalle». Vielleicht ist es nicht leicht, die Partnerin zum genaueren Betrachten der Einkommensverhältnisse und der Kosten des Kindes zu bewegen. Walters Frau wollte davon zunächst nichts hören. «Sie meinte, das würde schon irgendwie gehen. Ich fragte dann: ‹Ja, wie denn?› Ich kann schließlich nicht ganz viel für die Familie da sein und trotzdem ganz viel Geld verdienen.» Sie haben gemeinsam entschieden, er werde, wenn nötig, sich erst nach mehreren Monaten für Wochenendarbeiten zur Verfügung stellen. «Das bedeutete aber auch, dass dieses Jahr keine Urlaubsreise drin ist und es neue Klamotten frühestens zu Weihnachten gibt.» Er ist froh, dieses Thema frühzeitig geklärt zu haben. «Sonst hätten wir uns gewaltig gezofft.»

Freude aufs Kind: Der Vater als Sohn

Worauf freuen sich Männer, wenn sie sich auf ihr Kind freuen? Auf das satte Lächeln nach dem Stillen? Auf die Modelleisenbahn im Keller? Erwacht hier das sprichwörtliche, mit leicht denunzierendem Lächeln belegte Kind im Manne?

Gregor: «Mir ist das Sportliche wichtig. Ich habe selbst in meiner Jugend aktiv im Verein Fußball gespielt, das würde mir am meisten Spaß machen mit meinem Kind.» Jörg: «Gespräche zwischen Vater und Sohn, das ist etwas, worauf ich mich freue. Philosophieren über die Welt und Gott und die Menschen, Politisieren, was man besser machen könnte, wie Lebensbedingungen verbessert werden können.» Dietmar: «Na, ist doch klar, ich nehme ihn natürlich zum Angeln mit. Dann campen wir am See und braten Fische.»

Es fällt auf, dass sich diese prognostizierten väterlichen Aktivitäten in der Hauptsache auf den Freizeitbereich beziehen. Freizeit und Außergewöhnliches sind zweifellos positiver besetzt als der Alltag. Und: Den Söhnen widmen sich Väter weit eher als den Töchtern. Außerdem wenden sich diese Vater-Kind-Aktionen eher an ältere Kinder. Ein Baby kann eben noch nicht Fußball spielen oder am Computer sitzen (vgl. Novy / Adam 1998, S. 12 ff.).

Im vorigen Kapitel wurde schon darauf hingewiesen, dass Männer, die ihre Kindheit positiv erlebt haben, leichter einen Kinderwunsch entwickeln. Wie Männer ihren Vater wahrgenommen haben und wie sie von ihm wahrgenommen wurden, hat auch bedeutenden Einfluss auf ihre Art, Vaterschaft zu leben und Freude am Kind zu zeigen.

Anregung: *Fotos aus Ihrer eigenen Kindheit betrachten*

Suchen Sie Fotos Ihres Vaters aus den Familienalben, vor allem Fotos, auf denen er mit Ihnen als Kind zu sehen ist. Vielleicht gibt es nur wenige, weil er meist die Kamera bedient hatte. Vielleicht müssen Sie bei Ihren Eltern oder Verwandten recherchieren. Nehmen Sie sich einen ungestörten Abend Zeit, sich mit den Fotos zu beschäftigen – mit Freunden oder in Ihrer Vätergruppe. Die Partnerin sollte jetzt nicht die Erste sein, mit der Sie Ihre Erinnerungen an Ihren Vater besprechen. Sie wird immer auch Sie als Vater sehen und vielleicht bewusst oder unbewusst befürchten, dass Sie negative Erfahrungen weitergeben.

Wenn Sie mit Freunden oder in der Gruppe Ihre Fotos betrachten: Jeder hat eine bestimmte Zeit, seine Fotos vorzustellen. Die anderen stellen Fragen, unterstützen so die Erinnerung. Driften Sie nicht zwischendurch zu den Erlebnissen der anderen ab. Das geschieht leicht: «Ist ja wie bei mir!» Oder: «Das kenne ich so gar nicht!», sind häufige Einwürfe, wenn die Zuhörer von Ihrer Geschichte berührt sind. Stellen Sie von vornherein sicher, dass unterstützendes Nachfragen erwünscht ist, ablenkendes nicht. Jeder bekommt seine Zeit.

Ordnen Sie die Fotos chronologisch: Von welchem Abschnitt Ihrer Kindheit und Jugend gibt es viele Fotos von Ihnen und Ihrem Vater, von welchem wenige oder gar keine? Wo posieren Sie, wo stellt sich Ihr Vater für das Foto auf? Wie ist der Kontakt zwischen Ihnen? Sehen Sie sich an? Gibt es Körperkontakt? Stehen Sie nebeneinander, ist einer immer im Vordergrund? Handelt es sich um Familienfeiern und offizielle Anlässe oder gibt es Alltagsbilder?

Fällt es Ihnen leicht, sich an die fotografierte Situation zu erinnern? Wie haben Sie damals, als Kind oder Jugendlicher, in den verschiedenen Situationen Ihren Vater erlebt? Wie war in dieser Zeit das Grundgefühl zu ihm? Was haben Sie mit ihm gemeinsam erlebt und geteilt? Was haben Sie in guter Erinnerung? Wo blieben Wünsche und Erwartungen unerfüllt? Was war eine böse Erinnerung? In der erneuten Rückschau: Welche Seite überwiegt? Was ist Ihre liebste Erinnerung an Ihren Vater? Was haben Sie wirklich gern mit ihm gemacht? Wofür haben Sie seine Anerkennung bekommen?

Holger war nach einem solchen Gespräch in der Männergruppe des Geburtsvorbereitungskurses überrascht, wie sich sein Bild seines Vaters in den letzten Jahren verändert hat. Er hatte ihn als Jugendlicher eher streng und unzugänglich erlebt, fand keinen Zugang zu ihm. Daher war er sehr erfreut, dass er sich an viele positive Seiten erinnerte, an eine grundsätzliche Verlässlichkeit und viele Radtouren in der Kindheit. «Er hatte viel gearbeitet, ein Haus gebaut und war dann abends kaputt, und ein lärmender Jugendlicher war ihm zu anstrengend. Im Nachhinein kann ich das verstehen, auch wenn es mich damals sehr verletzt hat. Aber er hat sich bemüht und, wenn er konnte, etwas mit uns übernommen.»

Gerald, 39, Busfahrer, hingegen erinnerte sich nur an Prügel, Desinteresse an seiner Person und den Zwang, einen ungeliebten Beruf zu erlernen. «Anerkannt hat er mich als Person nie. Nur Leistung zählte. Gute Noten waren ihm wichtig. Für eine Eins gab es fünf Mark und die Erwartung, das möge nun immer so bleiben. Dennoch war die Beschäftigung mit den Bildern gut. Es war mir immer klar, dass ich nicht so werden will wie er. Es fällt mir nicht leicht einzugestehen, dass ich auch Seiten an mir entdecke, wo ich bin wie er. Aber jetzt weiß ich konkreter, was ich anders machen will.»

Jörg hat ein grundsätzlich positives Verhältnis zu seinem Vater. Er erinnerte sich an viele Zeiten und Situationen, in denen der Vater zu ihm gehalten hatte. «Einmal hat er mich sogar aus dem Gefängnis geholt, als ich mit ein paar Gramm Haschisch erwischt worden war. Auch in der Partnerschaft, wie er mit meiner Mutter umging, war er ein Vorbild für mich. Er hat sie immer respektvoll behandelt. Ich habe auch mitbekommen, wie sie sich geliebt haben. Später konnte er mich dann trösten, als ich meinen ersten Liebeskummer hatte.»

Anregung : *Eine Phantasiereise*

Haben Sie Lust auf eine kleine Phantasiereise? Schließen Sie zunächst mögliche Störungen, z. B. durch das Telefon und die Klingel, aus. Nehmen Sie sich mindestens eine Viertelstunde Zeit – und bitte keinen Termin im direkten Anschluss. Wenn Sie gern zeichnen, legen Sie Papier und Stifte bereit. Wenn Sie mögen, legen Sie ruhige Musik auf. Legen Sie sich auf den Rücken, Arme und Beine neben dem Körper, nicht gekreuzt. Schließen Sie die Augen, lassen Sie sich in den Boden sinken. Lassen Sie den Atem ruhig fließen. Lassen Sie sich mit jedem Ausatmen ein wenig mehr in den Boden sinken.

Stellen Sie sich vor, Sie hätten gerade den Pilotenschein gemacht und einen Freiflug in einer kleinen Maschine geschenkt bekommen. Sie ziehen die Fliegerjacke an, setzen den Helm auf, besteigen das Flugzeug. Sie drehen am Schlüssel, der Motor springt an, Sie geben Gas – Bahn frei! – und heben ab. Sie schrauben sich immer höher und genießen den Flug. Nach einer Weile bemerken Sie, dass Ihnen die Landschaft unten bekannt vorkommt. Hier sind Sie doch früher gewesen! War es als Jugendlicher? Als Kind? Wie alt waren Sie damals? Sie wollen sich alles näher anschauen und gehen tiefer. Sie erkennen Einzelheiten ganz klar. Auf einer Wiese oder einem Platz landen Sie das Flugzeug und steigen aus. Alles kommt Ihnen bekannt vor, aber auch ein bisschen unwirklich. Von fern sehen Sie jemanden auf Sie zukommen. Erst undeutlich, dann immer klarer: Es ist Ihr Vater. Freut er sich, Sie zu sehen? Freuen Sie sich über ihn? Sprechen Sie miteinander? Geben Sie sich die Hand oder umarmen Sie sich? Zum Abschied gibt er Ihnen ein Geschenk. Sie bedanken sich, steigen in Ihr Flugzeug und starten. Sie lassen die Landschaft unter sich, winken noch einen Gruß und fliegen heim. Sie landen Ihre Maschine, steigen aus, legen Helm und Jacke ab. Endlich haben Sie Gelegenheit, das Geschenk Ihres Vaters auszupacken. Nehmen Sie sich Zeit, es genau zu betrachten und zu würdigen. Machen Sie sich ein Bild des Geschenkes – ein inneres Bild, oder zeichnen Sie es. Über ein gemaltes Bild lässt sich leichter mit Freunden oder Ihrer Partnerin sprechen. Was hat Ihnen Ihr Vater geschenkt? Wofür steht das Geschenk symbolisch? Was hat er Ihnen damit auf Ihren Lebensweg mitgegeben? Ist es etwas, das Sie auch Ihrem Kind weitergeben möchten?

Viele Männer machen sich irgendwann in ihrem Leben auf die Suche nach ihrem Vater – oft erst nach seinem Tod. Sie betreiben Ahnenforschung oder versuchen, Kontakt mit seinen Freunden und Kollegen aufzunehmen, um Spuren seines Lebens zu entdecken oder besser deuten zu können. Auch heute noch sind viele Väter große Unbekannte, bedingt durch Abwesenheit oder durch ihre Sprachlosigkeit. Dennoch wirken sie in uns und durch uns. Wer heute Vater wird, gibt ein Erbe weiter, nicht nur genetisch. Meist handelt es sich um Weltanschauungen, Werte oder Verhaltensmuster und -regeln, die in Familien vermittelt werden. Wie oft haben Sie schon gehört «Du bist ja wie dein Vater!», oder «Dein Großvater hat das genauso gemacht!»? Diese Phantasiereise bietet eine Chance, sich solcher Familientraditionen bewusst zu werden. Das Weitergeben ist eine Sache persönlicher Entscheidung.

Schwangerschaft – Krise für die Partnerbeziehung?

Sobald das Kind gezeugt ist, beansprucht es Raum. Viele Paare erleben dies am Anfang der Schwangerschaft als lebendige und verbindende Phase. Sie tauschen sich über ihre Freude und ihr Empfinden aus, kommen sich näher, erleben die Partnerschaft bereichert und intensiver. «Anfangs wollte ich immer wissen, wie es ihr geht, ob sie schon etwas fühlt. Wir sind häuslicher geworden, haben viele Abende auf dem Sofa verbracht, einfach geredet, uns aneinander gekuschelt», berichtet Jörg.

«Es ist schwer zu beschreiben, aber ich habe mich ihr viel näher gefühlt. Da ist etwas Gemeinsames, Lebendiges, das hat uns sehr verbunden», beschreibt Hugo, der Orchestermusiker, diese Zeit. «Es waren andere Gespräche als vorher», sagt Dietmar. «Es ging zwar um uns, aber auch um mehr, eben um die Zukunft mit Kind.»

«Die spinnen, die Schwangeren»

Äußerlich geschieht in den ersten Monaten nicht viel. Da ist kein dicker Bauch zu sehen, nur gelegentliche Übelkeit macht einigen Frauen zu schaffen. Das Leben geht weiter wie bisher. Doch der sich rapide ändernde Hormonspiegel im Körper der Schwangeren hat deutliche Auswirkungen auf ihre Befindlichkeit. Die Stimmungsschwankungen der Schwangeren sind schon fast sprichwörtlich. Das macht Männern viel zu schaffen, bisweilen fühlen sie sich abgelehnt und ungerecht behandelt. Es gibt keinen Grund, das zu akzeptieren und auszuhalten. Allerdings fühlen sich viele Schwangere von ihren Stimmungen hin und her geworfen und mit dieser Situation auch nicht wohl.

Maik, 28, Vikar, spürt Veränderung hauptsächlich an den sich ändernden Bedürfnissen seiner Partnerin. «Damit meine ich nicht nur, dass sie lieber Gurken und saure Dips möchte als Kekse. Sie war anhänglicher, wollte mehr Nähe, war sauer, wenn ich eine halbe Stunde später als sonst nach Hause kam. Sie fragte häufig, wie ich mich denn fühle – um sofort von ihren Gefühlen zu berichten.» Jörg erzählt: «Manchmal lief sie mit so einem Hundeblick herum. Dann wusste ich, sie will etwas. Aber was? Sie sagte nichts von sich aus, wollte immer gefragt werden, wie es ihr geht, ob ich etwas für sie tun kann. Dass sie erwartete, dass ich immer aktiv bin, ihr die Wünsche von den Augen ablese, das hat mich schon manchmal genervt.»

«Die spinnen, die Schwangeren», sagt Walter. «Ich konnte ihr überhaupt nichts mehr recht machen. Berührungen, die sie sonst mochte, waren ihr auf einmal unerträglich, ich sollte sie anders anfassen. Am nächsten Tag war wieder alles anders. Und so ging das mit allem. Mal nervte es sie, wenn ich von meinem Tag erzählte, dann wieder wollte sie alles genau wissen. Ätzend!»

«Morgens war sie fröhlich, voll Elan für den Tag, sprang sogar früher aus dem Bett als ich», meinte Maik. «Habe ich zwei Stunden später angerufen, musste ich sie am Telefon trösten, sie war kurz vorm Heulen. Kam ich zum Mittagessen nach Hause, haben wir ganz ernsthaft gesprochen, meist über die Tagesorganisation, Einkauf und so. Mindestens einmal die Woche keifte sie mich an, ohne äußeren Anlass. Ich wäre ja nie da und würde sie allein lassen, obwohl ich ganz bewusst kaum noch Abendtermine wahrnahm und viel mehr zu Hause war als vorher.»

«Als sie wieder mal am Rumzicken war, habe ich sie auf den Pott gesetzt», gibt Walter zu. «Ich habe nicht geschrien, aber laut und deutlich meine Meinung gesagt. Was ich für sie und den Haushalt tue, Arbeiten, Abwaschen, Kinderzimmer bauen, wie oft ich da bin und so. Ich kann schließlich nicht beruflich erfolgreich sein, viel arbeiten, viel Geld nach Hause bringen, den Haushalt schmeißen, Freunde und Verwandte einladen, mich um das Baby im Bauch kümmern, um ihre Befindlichkeiten und noch ein romantischer und manchmal heißer Liebhaber sein. Da fing sie an zu weinen, sie wüsste ja, dass sie manchmal ungerecht sei und launenhaft. Ich war ihr auch nicht grundsätzlich böse, wollte aber nicht alles schlucken. Am nächsten Tag sagte sie, das habe ihr gut getan, zu sehen, dass ich für mich eintrete und stark damit bin.»

Nur noch zweite Geige

Gerald fühlte sich durch die Schwangerschaft zurückgesetzt. «Wenn ich heimkam, lag sie auf dem Sofa und las Babybücher. Die Wohnung sah zwar nicht dreckig aus, aber viel getan war nicht. Sie fragte: ‹Hallo, wie war's?› Aber in der nächsten Minute war sie beim Bauch und dem Baby darin. Sonst hatte sie sich immer für meine Arbeit interessiert. Das hat mir schon was ausgemacht, so deutlich zu spüren, dass ich jetzt die zweite Geige spiele. Gleichzeitig stieg meine Belastung durch den Haushalt, mit Einkaufen und so. Wir haben uns gestritten, weil ich einmal wagte zu bemerken, dass ich auch gern mal einen Tag auf dem Sofa verbringen und Bilderbücher ansehen würde.
In solchen Situationen ist es wichtig, im Gespräch zu bleiben und sich

nicht in die Schmollecke zurückzuziehen. Die Frau hat ein Recht darauf auszudrücken, wie es ihr geht, welche Veränderungen während und durch die Schwangerschaft in ihr vorgehen. Sie hat ein Recht darauf, dass der Partner, der sie liebt, ihr zuhört. Und sie hat ein Recht auf Rückmeldung. Sie hat jedoch kein Recht darauf, Sie zu beleidigen oder Ihnen ungerechte Vorwürfe zu machen.

Selbstverständlich haben Sie genauso das Recht mitzuteilen, was sich durch die Schwangerschaft für Sie verändert, wie Sie Ihrer beider Beziehung wahrnehmen, welche Bedürfnisse Sie in dieser Zeit haben. Und Ihnen sollte ebenso zugehört und Rückmeldung gegeben werden.

Hier haben Männer oft Defizite, schweigen, lassen Vorwürfe über sich ergehen – oder explodieren, reagieren wütend oder gar gewalttätig. Es ist schwierig, eine sich verändernde Partnerin und Partnerschaft einzuschätzen und angemessen und souverän zu reagieren. Weder Eltern noch Lehrerinnen und Lehrer haben ihnen beigebracht, die richtigen Worte für ihre Gefühle zu finden und sie auszudrücken. Sie sind es nicht gewohnt, dass jemand wirkliches Interesse an ihrem Innenleben zeigt und es nicht als Forderung meint oder damit Punkte im Konkurrenzkampf machen will. Sich über die sich verändernde Partnerschaft auszutauschen, ist das Schwierigste in einer Liebesbeziehung . Es besteht immer das Risiko, dass die Änderung den Partner oder die Partnerin abschreckt, dass sie als Forderung begriffen wird, dass die andere Person sich unter Druck fühlt, sich ändern zu müssen, eben nicht mehr so geliebt und akzeptiert zu sein, wie sie ist.

Zeit für uns

Eine sich ändernde Beziehung braucht Pflege und Zeit. Es ist hilfreich, Partnerschaftsrituale einzuführen. Vielleicht haben Sie das längst unbewusst getan und gehen ganz selbstverständlich, z. B. am Wochenende, davon aus, dass Sie Zeit für gemeinsame Gespräche haben. Es ist gut, solche Zeiten gezielt zu verabreden. Oft bietet sich das gemeinsame Abendessen und die Stunde danach dafür an, Interesse aneinander zu zeigen, sich auf die Gespräche der Partnerin oder des Partners einzulassen. Eine solche Verabredung zeigt, dass Ihr Interesse ernsthaft ist. Aber das müssen Sie auch zeigen. Was Sie nicht zeigen, kann die Partnerin nicht verstehen. Dazu gehört, die verabredete Zeit zu schützen, in dieser Zeit keine langen Telefonate zu führen oder noch mal eben etwas zu erledigen. Mag sein, dass einige Gespräche gut verlaufen und dann eine Zeit des «Ich weiß nicht mehr» eintritt. Das ist oft die ehrlichste Zeit, die viele Männer als sehr fein, empfindlich und verbindend erleben.

Maik: «Wir haben einfach nebeneinander gesessen, uns aneinander gelehnt, aus dem Fenster geschaut und dem Regen zugehört. Das war Entspannung, tief durchatmen und wissen, da ist etwas Gemeinsames, ohne etwas tun zu müssen.» Gregor: «Wir haben uns die Füße massiert, kamen ins Kitzeln, ins Lachen, ins Lieben. Das musste ich erst erleben. Denn es ist mir schwer gefallen, nicht jeden Abend für Arbeitsgruppen oder Vorbereitungstreffen offen zu halten. Partnerschaft hat einen neuen Wert für mich bekommen.»

Anregung: *Gespräche vorbereiten*

In Zeiten der Anspannung oder des Konfliktes kann es gut sein, dem Gespräch einen festen Rahmen zu geben:

■ Treffen Sie eine Verabredung über die Dauer eines Gesprächs – nicht länger als eine Stunde. Es wird sonst zu anstrengend.

■ Stimmen Sie sich ab über die Form des Gesprächs. Damit sich keiner übervorteilt fühlt, sollte jeder die gleichen Gesprächsanteile haben.

■ Das Gespräch sollte eröffnen, wem es am meisten unter den Nägeln brennt. Er oder sie hat fünf Minuten, um ihre Gefühle, ihre Sicht des Konflikts auszudrücken. Nach fünf Minuten ist Schluss. Ist nicht alles gesagt, muss er oder sie eben bis zum nächsten Mal warten. Dann eine Minute Pause, schauen Sie sich an, lassen Sie sich atmen. Dann hat der Partner fünf Minuten Gelegenheit, Verständnisfragen zu stellen. «Ich habe das so verstanden, hast du das auch so gemeint?» Dann wieder eine Minute Pause, sich anschauen, atmen. Dann ist der andere Partner dran, in fünf Minuten seine Sicht des Konflikts, seine Gefühle auszudrücken. Wird die Zeit nicht ausgenutzt, wird geschwiegen. Wieder eine Minute Pause, dann die Verständnisfragen durch das Gegenüber. Danach wieder eine Minute Pause, und der Rest der Zeit kann im freien Gespräch verbracht werden.

So können beide lernen, das, was wichtig ist, auf den Punkt zu bringen. Langes Gerede ist in der Kürze der Zeit nicht möglich. Sie lernen, sich zurückzuhalten und zuzuhören, nicht sofort jeden Anwurf zu erwidern, sondern nachzufragen, wie es gemeint ist. Das gibt dem Gegenüber das Gefühl, dass ankommt, was er oder sie sagt, dass Interesse besteht zu verstehen. Alte Sichtweisen können so verändert werden, und tieferes Verständnis für den Partner oder die Partnerin wird möglich.

Gespräche mit dem Kind im Bauch

Noch vor wenigen Jahren waren die ersten Bewegungen im Bauch – frühestens ab der 24. Schwangerschaftswoche – das Erste, was ein Vater direkt von seinem Kind mitbekommen konnte. Heute haben viele Männer schon ein Foto ihres Kindes in Händen, bevor sie seine ersten Fußtritte spüren: Die Ultraschalltechnik macht es möglich. Normalerweise wird die erste *Ultraschalluntersuchung* im dritten Monat vom Frauenarzt oder von der Frauenärztin vorgenommen. Es wird geprüft, wo das Kind liegt und ob es altersgemäß entwickelt ist. Dazu werden hauptsächlich der Kopfumfang und die Länge der Oberschenkelknochen gemessen und die inneren Organe geprüft. Die Schwangere liegt auf einer Pritsche, ein Gel wird auf dem Bauch verteilt und mit dem Sensor der Bauch abgefahren. Das Bild wird direkt auf einen Monitor übertragen. Das ungeübte Auge erkennt meist nur verschiedene Graustufen und Striche. Ausgebildete Personen können genau die Lage des Kindes erkennen und beschreiben. Das Bild kann festgehalten und ausgedruckt werden.

«Ich war völlig batt», sagte Maik. «Da wuselt ein grauer Punkt über den Bildschirm, und das sollte mein Kind sein. Das konnte ich erst gar nicht glauben.» Gerald hat sich von der Ärztin alles genau erklären lassen. «Ich wollte wissen, was sie jetzt sieht und was sie macht.» Hugo hat keine guten Erfahrungen mit der Frauenärztin seiner Partnerin. «Die hat mich kaum angeguckt, nicht einmal von sich aus das Wort an mich gerichtet. Ich musste fast laut werden, damit ich überhaupt einen Blick auf den Monitor werfen konnte.» Offenbar werden Väter manchmal noch als Eindringlinge in die Beziehung zur Patientin betrachtet. Dass Väter ein Recht haben, über die Entwicklung ihres Kindes genauso informiert zu werden wie die Mutter, wird immer noch nicht allgemein anerkannt. Dabei ist es offensichtlich, dass die Mutter sich wesentlich besser entspannen kann, wenn die Atmosphäre im Untersuchungszimmer von Harmonie geprägt ist. Und die Stimmung überträgt sich auf das kleine Wesen im Bauch.

«Ich habe das Foto sofort überall herumgezeigt», sagt Maik. Stolz und Freude sind ihm immer noch anzumerken. «Da war sofort klar: Das ist mein Kind. Ich hätte jetzt, wo ich gesehen habe, wie es sich bewegt, nie mehr einer Abtreibung zustimmen können.» Auch Walter erfuhr durch das Ultraschallfoto erste Vatergefühle. «Ich habe es eingehend betrachtet und immer wieder hervorgeholt. Einmal habe ich es sogar meiner Freundin auf den Bauch gelegt und gesagt: ‹Das ist jetzt da drin.›» Männer spüren das Kind eben nicht im Bauch wachsen, erleben die Schwangerschaft nicht wie die Frau direkt körperlich. Da kann die Medizintechnik schon helfen, sich ein Bild vom Kind zu machen und sich emotional auf das neue Leben einzustellen.

Bei normalem Schwangerschaftsverlauf wird die Schwangere ab der 32. Woche regelmäßig für ca. 30 Minuten an den *Cardiotokographen (CTG)* angeschlossen. Er zeichnet die Herztätigkeit des Embryos auf. Daraus lassen sich Rückschlüsse auf mögliche Wehen ziehen. Mittels eines Kopfhörers können Mutter und Vater in dieser halben Stunde die Herztöne des Kindes hören. «Das war phänomenal», begeistert sich Maik. «Einmal war der Kleine richtig lebendig, es hat uns regelrecht aufgeputscht, die Herztöne zu hören. Das klang fast wie ein Rap. Beim zweiten Mal sind wir zu dritt eingeschlafen, so ruhig war das.» So kann auch das CTG eine Möglichkeit bieten, vor der Geburt eine Beziehung zum Kind zu entwickeln oder zu festigen. Ab dieser Zeit ist es auch möglich, die Herztöne des Kindes zu Hause mittels *Hörrohr* oder *Stethoskop* zu erforschen. Die Frequenz der Herzschläge liegt deutlich höher als bei Erwachsenen, sie kann uns wie Herzrasen vorkommen. «Abends habe ich gefühlt, wo das Kind gerade liegt. Dann bin ich mit einem Stethoskop auf Entdeckungsreise gegangen, habe den Bauch abgehorcht», erzählt Gerald. «Manchmal habe ich kurz etwas gehört, und dann ist es wieder entwischt, wollte wohl nicht gestört werden. Ein anderes Mal konnte ich den Herzschlag über Minuten hören. Das war ganz intensiv, als wäre es schon da.» Durch das Stethoskop kann auch die Frau die Herztöne hören. «Das waren schöne, innige Abende. Durch die Töne haben wir uns aufeinander eingetunet.» Gerald hat so Kontakt zum Kind aufgenommen, in seiner Interpretation hat das Kind auf das Stethoskop reagiert. «Ich habe das auch nachgemacht, das Bum-Bum wiederholt und mit dem Kleinen geredet.»

Berührungen und Dreiergespräche

Der Kontakt zum Kind geht durch den Bauch der Mutter, sie ist immer einbezogen und muss bereit sein zum «Dreiergespräch». Beim Bauch-streicheln wird zuerst sie berührt, und sie entscheidet, ob der Körper-kontakt angenehm ist. Normalerweise sind frühestens ab dem sechsten Monat Bewegungen des Kindes spürbar. Es kann sehr angenehm und zärtlich sein, den Kontakt zum Kind im Bauch in ein abendliches Ritual einzubeziehen. «Wir haben uns abends immer Zeit genommen. Meine Partnerin wollte, dass ich ihr den Bauch einöle zur Vorbeugung von Schwangerschaftsstreifen», erzählt Hugo. «Das war eine ruhige, zärtli-che Stimmung. Manchmal hatten wir Musik aufgelegt. Sie sagte mir, wo sie Bewegungen des Kleinen spürt. Ich habe dann meine Hand dort-hin gelegt, in der ersten Zeit aber nichts bemerkt. Ich glaube, bei Mo-zart habe ich zum ersten Mal eine Bewegung unter meiner Hand gespürt. Das war ein ganz inniges Ereignis zwischen mir und ihr und mit dem Kleinen. Vorher habe ich gewusst, dass es lebt, es auf dem Monitor bei der Ärztin gesehen, jetzt hatte ich es zum ersten Mal richtig erlebt.» Hugo begann Gespräche mit seinem Kind im Bauch der Partnerin zu führen, vor allem in den letzten Schwangerschaftswochen. «Da kam auf einmal eine Wölbung aus dem Bauch, und wir haben uns gefragt, ob das ein Bein ist oder der Kopf. Manchmal hat es sogar mit uns ge-spielt, jedenfalls glaube ich das. Da habe ich etwas gespürt unter der Hand, schon war es wieder weg und eine andere Stelle am Bauch wölbte sich. Da habe ich mit ihm geredet: ‹Na, wo bist du denn?›, und so was.»

Solche Berührungen haben häufig positive oder beruhigende Wirkungen auf das System Mutter-Kind. «Meine Partnerin sagte oft: ‹Oh, jetzt zappelt es wieder herum!› Wenn ich meine Hand auflegte, war es ganz schnell ruhig. Dann haben sich beide entspannt. Manchmal hatte ich den Eindruck, ich halte es richtig in der Hand. Ich habe mit ihm gesprochen, ihm gesagt, dass ich mich freue, dass es bald kommt und dass wir zusammen Drachen steigen lassen und in den Zoo gehen werden. Klar, das ist schon verrückt, weil es ja nichts davon versteht.»

Embryos hören sehr gut im Fruchtwasser, aber immer durch eine Wasserwand hindurch: Wie Sie, wenn Sie Ihren Kopf unter Wasser tauchen. Es gibt auch Audio-Kassetten, auf denen Geräusche zu hören sind, so wie sie das Kind im Mutterleib wahrnimmt. Sie sollen auf aufgeschreckte oder nervöse Säuglinge beruhigend wirken. In den USA wurde sogar experimentell getestet, dass Embryos auf verschiedene Stimmen unterschiedlich reagieren und die Stimme der Mutter und anderer Personen erkennen. Warum sollte das nicht auch für den Vater gelten?

«Manchmal hatte ich den Eindruck, dass es sich auf den Kontakt freut. Kaum hatte ich die Hand auf den Bauch gelegt, spürte ich einen Tritt oder Kopfstoß oder so. Wenn ich zu fest gedrückt oder lange Zeit nichts gesagt habe, war es auch wieder weg. Ich glaube schon, dass da auch was von ihm ausging und dass es einen eigenständigen Kontakt zwischen ihm und mir schon im Mutterleib gab», sagt Hugo.

Anregung: *Kontakt mit dem Ungeborenen aufnehmen*

Berührungen und Massagen sind die intensivsten körperlich und direkteste Art, mit dem Kind im Bauch zu kommunizieren. Wichtige Regel: Aufhören, sobald es der Mutter unangenehm wird. In den letzten Wochen ist es möglich, die Lage des Kindes von außen zu ertasten und zu spüren, ob Sie den Kopf oder den Rücken in der Hand halten. Wenn Sie zu festen Zeiten auf immer die gleiche Art den Kontakt beginnen, kann es sein, dass das Kind antwortet, z. B. von innen an die Stelle stößt, auf die Sie gerade geklopft haben.

Allein oder mit Ihrer Partnerin, oder auch im direkten Kontakt mit dem Kind (wenn Sie eine Hand auf den schwangeren Bauch legen) können Sie eine kleine Phantasiereise unternehmen. Schließen Sie die Augen, atmen Sie ruhig, nehmen Sie den Kontakt wahr, der jetzt zwischen Ihnen besteht. Stellen Sie sich vor, wie Ihr Kind in der Fruchtblase liegt und im Fruchtwasser schwimmt. Das Kind ist vollständig entwickelt wie ein Säugling, es muss nur noch wachsen. Es ist dunkel, es ist warm. Das Kind ist eingehüllt in Geräusche: das Glucksen des Fruchtwassers, die Darmtätigkeit der Mutter, die Atembewegungen. Es hat nicht viel Platz, aber es kann sich gut bewegen. Neue Geräusche kommen hinzu: Töne von innen, die Stimme der Mutter. Und noch andere neue Geräusche von außen: die Stimme des Vaters. Wie klingt das in der Fruchtwasserhöhle? Etwas drückt von außen auf die Höhle: die Hand des Vaters. Wie fühlt sich das an? Engt es den Bewegungsraum ein? Ist es ein Fremdkörper, der weg soll? Ist die Neugier geweckt, was das wohl sein mag? Will das etwas von mir? Ist es freundlich? Kann ich damit spielen? Ist es etwas Schönes? Stellen Sie sich verschiedene Reaktionen des Kindes vor, Stoßen, Reiben, Hinschwimmen, Abtauchen, Streicheln. Dann verabschieden Sie sich langsam von der Phantasie. Lassen Sie den Atem ruhig fließen und öffnen Sie wieder die Augen.

Ein Embryo verfügt noch nicht über ein «Ich» oder ein vergleichbares Bewusstsein. Es spielt oder kommuniziert nicht wie Erwachsene. Dennoch kann diese Phantasiereise helfen, sich ein wenig auf die völlig andere Lebenswelt des Embryos einzulassen, eine Vorstellung davon zu entwickeln, wie es vielleicht Berührung, Stimme, Sprache erlebt und welche Art von Kommunikation angenehm ist.

Väter in der Geburtsvorbereitung

In den meisten Orten werden Geburtsvorbereitungskurse für Paare angeboten. Für Männer gehört es inzwischen zum guten Ton, am Kurs teilzunehmen. «Ich konnte meine Frau doch nicht allein lassen!», und «Ich bin eben mitgekommen ...» sind häufige Äußerungen in der Eingangsrunde. Eigene Erwartungen werden selten geäußert. Und so kommt es, dass Männer immer wieder den Eindruck haben, der Kurs gehe an ihnen vorbei und sei eben doch eher Frauensache.

Die Teilnahmegebühren werden nur in seltenen Fällen von Krankenkassen übernommen, außerdem stellen die Kassen bestimmte Anforderungen an die Kurse, sodass der Spielraum für eine Bearbeitung der sich verändernden Partnerbeziehung und die unterschiedlichen Rollen von Mann und Frau immer enger wird. Jedenfalls, wenn weder die Gebühren noch die Anzahl der Kursabende steigen sollen.

Die meisten Kurse werden von Frauen angeboten, aufgrund des Kostendrucks gibt es nur in Ausnahmefällen Kurse, die von einem Mann und einer Frau gemeinsam geleitet werden. Allerdings steigt die Zahl der Väterabende und Veranstaltungen für werdende Väter in Familienbildungsstätten und bei anderen Anbietern.

Viele Geburtsvorbereiterinnen und Hebammen wollen für die Frau da sein, der Frau helfen, die Geburt gut zu überstehen. Männer werden manchmal eher als Hilfspersonal betrachtet oder gar als störend empfunden. Jedenfalls sollen sie, wenn sie schon da sind, doch bitte tun, was frau ihnen sagt. Kein Wunder, dass Männer sich wie das fünfte Rad am Wagen vorkommen. Hier braucht es eine Erweiterung im Bewusstsein der Geburtsvorbereiterinnen. Das Paar ist ein System. Wird nur ein Teil – die Frau – betrachtet, fühlt sich der andere Teil – der Mann – unwert, in seiner Rolle, seinen Fähigkeiten, seinen Wünschen missachtet. Das schwächt das ganze System, führt schlimmstenfalls zu Polarisierungen und Geschlechterkampf. Keine schöne Aussicht für eine bevorstehende Geburt. Systemische Sichtweisen und Ansprache und Motivation der Männer müssen auch in die Ausbildung zur Geburtsvorbereiterin und Hebamme Eingang finden.

Aber jede noch so sensible Ansprache bleibt wirkungslos, wenn Männer schweigen. Womit ich Sie ermuntern will, Ihre Sichtweisen, Gefühle, Erfahrungen und Wünsche in den von Ihnen gewählten Kurs einzubringen! Hierfür ist es hilfreich, die Ausschreibung des Kurses und die dort erwähnten Themen mit Ihrer Partnerin zu besprechen:

■ Geht es nur um Gebärhaltungen und Medizintechnik?

■ Wie stark sind Partnerbeziehung und -veränderung während der Schwangerschaft und danach angesprochen?

- Welche Themen sind für Sie als werdender Vater interessant?
- Was wollen Sie von schwangeren Frauen und von erfahrenen Müttern, Helferinnen und Hebammen und von anderen Vätern wissen?
- Bringen Sie Ihre Fragen und Themen am ersten Abend ein, sodass die Möglichkeit besteht, sie in das Kurskonzept zu integrieren! Sprechen Sie die anderen Männer an, verabreden Sie sich zu einem Väterabend! Die meisten Paare sind sehr auf das Ereignis der Geburt fixiert, denn dadurch werden sie Eltern, dadurch kommt neues Leben auf die Welt. Aber selbst, wenn die Geburt schwierig ist und 20 Stunden oder länger dauert: Das Wesentliche geschieht danach, nämlich das Leben als Familie, die Erziehung der Kinder, die Veränderungen in den Beziehungen, den Werthaltungen und den Alltagsabläufen. Auch hierauf müssen Geburtsvorbereitungskurse vorbereiten.

Anregung: *Rückenstärkung*

In der Schwangerschaft braucht das Paar Rückenstärkung, und das nicht nur von außen. Auch das Paar selbst muss sich stabilisieren. Eine Körperübung kann hier unterstützen: Stellen Sie sich Rücken an Rücken aneinander mit möglichst viel Kontakt am ganzen Rücken, nicht nur am Po und an der Schulter. Stehen Sie auf Ihren eigenen Füßen, lehnen Sie sich nicht an. (Überprüfung: Gehen Sie einen halben Schritt vor.) Die Knie sollten weich, nicht durchgedrückt sein, die Füße parallel ausgerichtet, die Beine etwa hüftbreit auseinander. Schließen Sie die Augen, lassen Sie den Atem ruhig fließen. Sprechen Sie möglichst nicht während dieser Übung. Spüren Sie die Wärme des Rückens Ihrer Partnerin. Können Sie ihren Atem fühlen? Vielleicht stellt sich der Atemrhythmus aufeinander ein. Beginnen Sie langsam, Ihre Rücken aneinander zu reiben, rauf und runter, rechts und links, schlängelnd, zwischen den Schultern und am Becken. Lassen Sie Ihrer Bewegungsfreude und Ihrer Fantasie freien Lauf. Teilen Sie sich – möglichst ohne Worte – Ihre Wünsche mit. Soll es fester sein oder sanfter, schneller oder langsamer, mehr am oberen Rücken oder am Kreuzbein? Nach zwei bis drei Minuten stehen Sie wieder still aneinander, auf den eigenen Füßen, spüren die Wärme des Rückens, den eigenen Atem und den der Partnerin.

Zum Ausruhen setzen Sie sich Rücken an Rücken. Das können Sie auch noch in den letzten Tagen vor der Geburt tun, wenn der Bauch groß und rund ist. Auch im Sitzen können Sie die Rücken aneinander reiben. Dann gibt die Partnerin Gewicht ab, lehnt sich an Ihren Rücken. Vielleicht legt sie den Kopf ab auf Ihre Schulter oder Ihren Nacken, vielleicht beugen Sie sich etwas nach vorne, um ihr das Abgeben des Gewichtes zu erleichtern und zu helfen, den Rücken etwas zu strecken. Finden Sie eine Position, die Sie nicht anstrengt. Bleiben Sie für ein paar Minuten in dieser Stellung – und dann sind Sie dran. Gehen Sie langsam wieder in die normale Sitzhaltung. Bleiben Sie für ein paar Atemzüge in der mittleren Position. Anschließend beugt sich die Partnerin ein wenig nach vorne und hilft Ihnen, Gewicht abzugeben – natürlich nur, solange es angenehm ist. Kommen Sie dann wieder in die mittlere Position und verharren dort noch für einige Atemzüge. Wenn Sie wollen, können Sie sich auch gemeinsam von der mittleren Position zur gleichen Seite kippen lassen und Rücken an Rücken liegend ausruhen.

Anregung : *Massagen für Schwangere*

Die Schwangere braucht Beistand, seelisch und körperlich. Den wenigsten Frauen genügt es, einmal grundsätzlich gesagt zu bekommen «Ich liebe dich, ich unterstütze dich, ich stehe zu dir, ich will das Kind mit dir, ich freue mich auf unser Zusammensein als Familie». Gerade in dieser Umbruchsituation braucht es mehr als Worte. Unterstützung und Zuwendung wollen täglich erfahren und bestätigt werden, auch körperlich. Massagen sind eine gute Möglichkeit, Ihre Partnerin körperlich zu unterstützen. Viele Frauen sammeln während der Schwangerschaft Wasser an, vor allem in den Beinen. Sanfte, großflächige Massagen bieten Erleichterung und körperlich-seelische Zuwendung. Die Massagen können im Stehen, Sitzen oder Liegen ausgeführt werden.

Streichen Sie mit beiden Händen die Arme entlang von der Schulter bis zu den Fingerspitzen – und noch ein Stück weiter aus den Fingerspitzen hinaus. Sonst kann das Gefühl entstehen, es bliebe etwas in den Fingern stecken. Streichen Sie kräftig, zügig, aber nicht hastig. Beide

Hände sollten viel Kontakt zum Arm haben. Achten Sie darauf, nicht mit dem Daumen zu kneifen. Wenn die Massage der Frau zu fest oder zu schnell ist, gehen Sie auf ihre Bedürfnisse ein. Die Richtung ist generell von oben nach unten, das schafft Entspannung und Ruhe. Drei bis sieben Striche reichen aus, es ist also möglich, eine solche Massage auch «mal eben zwischendurch» anzuwenden.

Das gleiche Prinzip gilt für die Beine: Mit beiden Händen, großflächig, zügig, aber nicht zu fest von der Hüfte abwärts zu den Zehen hinunter und hinaus streichen. Mit etwas Übung können Sie auch Striche über den ganzen Körper von oben nach unten ausführen. Legen Sie Ihre Hände oben auf den Kopf der Partnerin und streichen Sie den Rücken hinab. Um Ihren eigenen Rücken nicht zu belasten, beugen Sie sich dabei nicht nach vorn, sondern gleiten Sie mit Ihren Händen nach unten, indem Sie in die Knie gehen. Auch hier gilt: Aus dem Körper hinaus streichen.

Sehr entlastend und entspannend kann auch einfaches Handauflegen sein. Drei besonders geeignete Punkte:

1. Auf der Wirbelsäule etwas unterhalb der Schulterblätter, an dem Punkt, an dem normalerweise der BH geschlossen wird. Hier können Sie auch leicht, ohne Druck, mit der Hand leichte Kreise beschreiben, am besten im Uhrzeigersinn.

2. Wenn Sie hier stärker massieren wollen und es Ihrer Partnerin angenehm ist: Legen Sie die ganze Hand neben die Wirbelsäule auf die Haut. Verschieben Sie mit wenig Druck in leichten Kreisen so die Haut gegenüber den darunter liegenden Muskeln, den Rückenstreckern. Also nicht über die Haut streichen, sondern die Hand an derselben Stelle lassen. Nach drei oder vier Kreisen streichen Sie nach unten oder zum Körperrand hinaus und legen Ihre Hand etwas unterhalb der vorherigen Stelle auf. So können Sie das Bindegewebe des ganzen Rückens sanft massieren und mögliche Flüssigkeitsansammlungen entleeren helfen.

3. Ein weiterer Punkt, an dem Handauflegen viel Entspannung bewirken kann: das Kreuzbein, etwa eine Handlänge oberhalb des Steißbeins gelegen. An dieser Stelle kann Massage sehr unangenehm sein oder gar Kontraktionen der Gebärmutter auslösen. Daher sollten Sie während der Schwangerschaft hier nur die Hand auflegen oder ausstreichen, auf keinen Fall die Muskeln massieren. Während der Geburt hingegen kann eine feste Massage der Muskulatur, die am Kreuzbein ansetzt, sehr hilfreich sein.

Anregung: *Atem und Entspannung*

Im Geburtsvorbereitungskurs werden Sie noch viele andere Anregungen bekommen, wie Sie Ihre Partnerin unterstützen können. Gebärpositionen, die Partnerin halten, sowie verschiedene Atemübungen gehören zum Standard. Atemübungen brauchen Zeit und Ruhe, sie können sich z. B. gut an die *Rückenstärkung* anschließen.

Sitzen Sie nebeneinander oder aneinander. Schließen Sie die Augen. Lassen Sie Ihren Atem ruhig fließen. Spüren Sie den Atem Ihrer Partnerin. Nach einer gewissen Zeit wird sich ein gemeinsamer Atemrhythmus einstellen. Ist Ihre Partnerin in den letzten Tagen der Schwangerschaft sehr kurzatmig, wird sie vielleicht doppelt so schnell atmen wie Sie. Auch das ist ein gemeinsamer Rhythmus. Stellen Sie sich Wasser vor, die Wellen des Ozeans, einen sprudelnden Bach, einen sich kräuselnden See. Sie können diese Vorstellung unterstützen, indem Sie eine Kassette oder CD mit entsprechenden Naturgeräuschen auflegen (z. B. Höfele / Klein 1999). Ein Zeitlimit gibt es nicht, Ungeübte sollten sich nicht mehr als eine Viertelstunde vornehmen.

Die Vorstellung von Wasser kann Entspannung sehr unterstützen. Frauen berichten, es habe ihnen geholfen loszulassen, sich von der Schwangerschaft zu verabschieden, das Kind wirklich gebären zu wollen. Viele Paare spürten in dieser Übung eine intensive Nähe, eine Gemeinsamkeit ohne Worte, eine Stärkung der Basis ihrer Partnerschaft und nahmen sich auch nach der Geburt mehrmals die Woche dafür Zeit.

Anregung : *Einen inneren Ort der Ruhe finden*

Die Zeit nach der Geburt kann sehr anstrengend werden. Sie werden vielen unterschiedlichen und neuen Anforderungen gerecht werden müssen. Beruf, Kind, Partnerschaft und eigene Bedürfnisse wollen unter einen Hut gebracht werden. Das braucht Ruhe und Gelassenheit – und einen inneren Ort, an dem Sie sich stärken können.

Nehmen Sie sich bewusst 15 oder 20 Minuten für sich selbst. Ziehen Sie sich in Ihr Zimmer zurück oder an einen Platz in der Natur. Setzen Sie sich aufrecht hin – im Liegen schlafen viele Menschen schnell ein –, lassen Sie Ihren Atem ruhig fließen, schließen Sie die Augen. Lassen Sie vor Ihrem inneren Auge einen Ort entstehen, den Sie gern mögen und an dem Sie sich ruhig, entspannt und kraftvoll fühlen. Ist es die Wüste Sinai, ein mit Palmen bewachsener Strand in der Südsee, ein von Sturm umtoster Deich an der Nordsee, der Apfelbaum in Ihrem Garten, oder Ihr Zimmer? Wo genau halten Sie sich auf in diesem Bild? Bewegen Sie sich, oder sind Sie in Ruhe? Was gibt Ihnen Kraft? Die Rinde des Baumes, an dem Sie lehnen, der Sand unter Ihren Füßen, die Wellen, auf die Sie schauen? Genießen Sie die Zeit dort. Lassen Sie sich von der Kraft und der Energie dieses Ortes durchströmen. Speichern Sie diesen Ort mit einem «Klick» in Ihrem Gedächtnis. Nehmen Sie noch ein paar bewusste Atemzüge und kehren Sie an den Ort zurück, an dem Sie sich real befinden.

An diesen *Ort der Kraft* können Sie jederzeit zurückkehren. Ich empfehle Ihnen, schon während der Schwangerschaft damit zu beginnen. Je schneller Sie dorthin gelangen können, desto weniger Zeit brauchen Sie, um zu mehr Ruhe und Kraft zu kommen. Und Sie schaffen es, selbst wenn das Essen angebrannt, die Windel voll und die Partnerin krank ist und der Chef den Auftrag bis morgen schnell erledigt haben will.

Tipps *für werdende Väter*

- Richten Sie feste Zeiten für Gespräche oder das Zusammensein mit Ihrer Partnerin ein, sei es ein Abendspaziergang oder eine halbe Stunde Austausch nach dem Essen. So können Sie beide sicher sein, dass Zeit und Raum für Wichtiges da sind.

- Überlegen Sie mit Ihrer Partnerin, wem Sie wann die Schwangerschaft mitteilen möchten. Nicht alle Eltern oder Freunde werden von vornherein Ihre Freude teilen.

- Schwangere sollten wegen möglicher enthaltener Bakterien kein rohes Fleisch und keine Rohmilchprodukte zu sich nehmen. Achten Sie darauf beim Einkauf, wenn Sie für Ihre Partnerin kochen, und weisen Sie Bekannte, die Sie einladen, darauf hin.

- Rauchen ist Gift für das Kleine im Mutterleib! Unterstützen Sie Ihre Partnerin, wenn sie ihre Sucht aufgeben will. Wenn es Sie selbst betrifft: Greifen Sie nur außerhalb der Wohnung zur Zigarette oder nutzen Sie die Gelegenheit, sich das Rauchen abzugewöhnen.

- Ebenso kann Alkohol schwere Schäden beim Embryo verursachen. Gegen ein Glas Sekt oder Wein ab und zu ist nichts einzuwenden. Regelmäßig jedenfalls sollte die Schwangere keinen Alkohol zu sich nehmen.

- Schenken Sie Ihrer Partnerin eine Dauerkarte fürs Hallen- oder Freibad. Schwimmen ist der Lieblingssport vieler Schwangerer. Das Wasser trägt das Gewicht des Bauches, sie fühlen sich leichter, und Rückenbeschwerden werden gelindert.

- Solange das Kind gestillt wird, werden Sie kaum Möglichkeiten haben, abends zu zweit ins Kino, Theater oder Konzert zu gehen. Nutzen Sie die letzten Wochen vor der Geburt für gemeinsame kulturelle oder kulinarische Genüsse.

- Versuchen Sie, nötige Behördengänge und «Papierkram» vor der Geburt zu erledigen. Wenn Sie nicht verheiratet sind und nicht heiraten wollen: Sie können die Vaterschaft vor der Geburt anerkennen. Auch ist es möglich, mit Ihrer Partnerin zusammen bereits vor der Geburt eine gemeinsame Sorgeerklärung abzugeben. Diese Erklärung ist bei Unverheirateten die einzige Möglichkeit einer rechtlichen Absicherung der Sorge des Vaters.

- Auch den Antrag auf Erziehungsgeld können Sie oder Ihre Partnerin sich bereits vor der Geburt besorgen, allerdings erst danach absenden. Es kann eine Weile dauern, bis Sie von Ihren Arbeitgebern die Verdienstbescheinigungen oder die Bestätigung über Sozialleistungen beigebracht haben und, wenn Sie schon Vater sind, Erklärungen über eventuelle Unterhaltszahlungen an weitere Kinder.
- Kaufen Sie ein Hörrohr oder ein Stethoskop, mit dem Sie die Herztöne des Babys hören können.
- Wenn Sie befürchten, unterwegs zu sein, wenn die Wehen einsetzen: Die Deutsche Telekom bietet in ihren Niederlassungen einen «Papa-Piepser» kostenlos für längstens 14 Tage an. Wenn's piept, die vereinbarte Nummer anrufen und sich auf den Weg machen!

Tipps *für das Paar zur Geburtsvorbereitung im letzten Drittel der Schwangerschaft*

- Besuchen Sie mit Ihrer Partnerin einen Geburtsvorbereitungskurs.
- Lesen Sie mit Ihrer Partnerin ein Buch zum Thema «Geburt» (z. B. Hilsberg 2000) und sprechen Sie gemeinsam darüber. Gemeinsames Lesen ist ein gutes Medium, um Erwartungen und Wünsche der Partnerin an Sie und von Ihnen an Ihre Partnerin zu klären.
- Im Laufe der Gespräche werden Sie sich darüber klar, ob und wie Sie bei der Geburt dabei sein wollen und was Sie nicht wollen. Hier ist der Austausch besonders wichtig, denn die Schwangere braucht einen verlässlichen Partner an ihrer Seite.
- Erarbeiten Sie gemeinsam mit Ihrer Partnerin einen «Geburtsplan»: Schreiben Sie auf, wie Sie sich den Verlauf der Geburt vorstellen, welche Hilfsmittel Sie benötigen, welche Medikation Sie festlegen oder ausschließen wollen. Sie müssen unter der Geburt auf die Einhaltung achten, die Frau kann das nicht! Besprechen Sie den Plan vor der Geburt mit der Hebamme.

Was die Fachfrau dazu sagt

Interview mit Ines Albrecht-Engel, 48, Ethnologin, Geburtsvorbereiterin, Vorstandsvorsitzende der GfG (Gesellschaft für Geburtsvorbereitung e.V.), Autorin, verheiratet, drei Kinder.

Frau Albrecht-Engel, immer mehr Männer wollen nicht nur die Geburt ihres Kindes miterleben, sondern sich auch an der Vorbereitung aktiv beteiligen. Was wird Männern in Geburtsvorbereitungskursen geboten?

Männer berichten immer wieder, dass sie sich in den Kursen deplatziert fühlen. Die Geburtsvorbereiterinnen haben unterschiedliche Konzepte. Es gibt Kurse nur für Frauen und Kurse für Paare. Aber auch in Kursen für Paare sind die Männer nicht unbedingt jedes Mal dabei, manchmal nur für einen Abend. Da muss der Mann sich genau erkundigen, wie stark er einbezogen wird. Auch spricht nicht jede Leiterin die Männer direkt an. Das kann zu Enttäuschungen führen, wenn man sich nicht vorher genau informiert hat.

Wie sollten Männer angesprochen und einbezogen werden?

Es gibt Körperübungen für das Paar, Gymnastik, Entspannung und Atemübungen. Außerdem sollte die «Schwangerschaft der Männer» ernst genommen werden. Auch sie brauchen Raum und Gelegenheit, sich über ihre Befindlichkeit und ihre Gefühle auszutauschen.

Schwangerschaft der Männer ernst nehmen – was bedeutet das praktisch?

Männer machen eine Wandlung durch in dieser Zeit, die mit vielen Veränderungen und Unsicherheiten verbunden ist. Im Kurs haben sie eine Chance, ihre Gefühle und Ängste anzusprechen. Das fällt ihnen traditionell eher schwer, und sie haben in unserer Gesellschaft selten Gelegenheit, sich über diese Wandlungsprozesse auszutauschen.

Das betrifft den Rollenwandel vom Arbeitsmann zum Vater, aber auch die Beziehung des Paares selbst?

Ganz genau.

Welchen körperlichen Veränderungen unterliegen Männer während der Schwangerschaft?

Männer berichten häufig von Gewichtszunahme, aber auch von Krankheiten, die sie parallel zur Frau bekommen, von kleineren «Wehwehchen» und Symptomen. Es ist gut, dass sie im Kurs mitbekommen, es geht nicht nur mir so. Über alle Veränderungen während der Schwangerschaft muss das Paar im Gespräch bleiben, damit beide wissen, wie es dem anderen geht und sich keiner allein oder übergangen fühlt. Das gilt besonders für den Bereich Sexualität. Männer müssen wissen, wie es Frauen ergehen kann, dass das nichts Besonderes ist, was nur in ihrer Partnerschaft passiert. Auch mit anderen müssen sie im Gespräch bleiben, sonst fühlen sie sich schnell isoliert. Da schwangere Paare vor allem vor der ersten Geburt wenig Kontakt haben zu anderen in der gleichen Situation, bietet ein Geburtsvorbereitungskurs oft die einzige Chance zum Austausch, vor allem für Männer.

Wie sehen Sie die Rolle des Mannes bei der Geburt?

Direkt bei der Geburt ist das Wichtigste die Unterstützung der Frau. Hier müssen Männer sich und ihre Bedürfnisse erst einmal zurückstellen. Auf der anderen Seite ist es wichtig, dass sie sich mit ihren Gefühlen akzeptieren. Wenn sie bei der Geburt nicht dabei sein wollen, müssen sie das ernst nehmen und nicht aus einem gesellschaftlichen Zwang heraus handeln. Auch wollen manche Frauen nicht, dass ihr Partner dabei ist. Das ist sicher sehr enttäuschend für den Mann. In einem guten Geburtsvorbereitungskurs muss das angesprochen werden.

Gibt es besondere Übungen für Männer?

In den Kursen übt das Paar gemeinsam Gebärpositionen. Da sind die Männer ganz wichtig beim Halten und beim Unterstützen. Auch bei Körperübungen machen Männer mit. Sie profitieren davon ein Leben lang, z. B. rückenschonende Haltungen einzuüben. Das gilt auch für Atemübungen. Die sind ja nicht nur für die Geburt da. Es geht um Atem-Wahrnehmung und darum, den Atem der jeweiligen Situation anzupassen, und das ist nicht nur bei der Geburt wichtig. Dasselbe gilt natürlich für Entspannung und Körperwahrnehmung. Das schärft auch die Wahrnehmung für den anderen. Hier lernen auch Frauen ihre Männer anders kennen und auf deren Bedürfnisse einzugehen. Da kann ein Paar schon viel näher zusammenkommen. Väter für die Kontaktaufnahme zum ungeborenen Kind – noch mehr – zu sensibilisieren, dafür sollte in einem Kurs Zeit und Raum sein.

Welche Themen sind hier besonders wichtig?
Vor allem die Veränderungen in der Schwangerschaft, dazu müssen Männer wie Frauen gehört werden. Was bedeutet für Männer die Schwangerschaft der Partnerin? Wie stellen sie sich das Leben mit dem Kind vor? Welche Unsicherheiten kommen da auf sie zu? Sich hierüber klar zu werden, ist ja auch für die Zeit nach der Geburt und für den Kontakt zum Kind von großer Wichtigkeit.

«Ereignis kosmischen Ausmaßes» – Die Geburt

Etwa 90 Prozent der Väter sind inzwischen bei der Geburt dabei. Aber sie erleben die Geburt ihrer Kinder gänzlich anders als Frauen. Nicht nur, weil sie das Kind nicht in ihrem Bauch tragen und es nicht aus sich heraus zur Welt bringen. Zunächst heißt es: Anwesend sein, die Frau unterstützen, ihr diese kräftezehrende Arbeit erleichtern. Es geht jedoch nicht darum, sich einfach hinter der Frau zu verstecken, einen Job zu erledigen oder eine Aufgabe zu erfüllen, möglichst noch von der Frau zu erwarten, sie möge eine konkrete und korrekte Beschreibung der zu erledigenden Dinge geben. Es geht um aktive Teilnahme.

Das bedeutet keinesfalls, der Vater solle in Aktionismus verfallen oder mehr tun als die Frau. Es kann heißen, den Raum zu gestalten, sodass Mann und Frau sich darin wohl fühlen und das Kind sich willkommen fühlt auf der Welt. Es kann heißen, sich mit Ärzten und Ärztinnen und Hebammen zu streiten und durchzusetzen, was der Frau oder dem Paar im Moment gut tut. Es heißt auf alle Fälle psychische und emotionale Präsenz, sich seiner Rolle als werdender Vater bewusst sein, der Frau zugewandt sein, das Energiefeld, das sich zwischen ihm und der Schwangeren während des Geburtsvorgangs aufbaut, schützen und stärken. Je besser das gelingt, desto leichter kann die Frau das Kind loslassen, desto eher fühlt sich das Kind zur Welt gebracht, nicht ausgestoßen und hineingeworfen.

Hier sind alle beteiligt, die im weitesten Sinne mit der Geburt zu tun haben – vom Bauplaner über die Innenarchitektin bis zum Klinikpersonal. Auch Ärzte und Ärztinnen und vor allem Hebammen haben mit ihrer Sensibilität und ihrem Wissen erheblichen Einfluss auf den Weg des Kindes in die Welt. Es gibt Frauen, die bei der Geburt von einer

Freundin begleitet werden oder von ihrem neuen Partner, der nicht der leibliche Vater des erwarteten Kindes ist, oder auch von mehreren Personen ihres Vertrauens. In unserer Kultur, in der Bilder von Zweisamkeit und Kleinfamilie das Zusammenleben von Mann und Frau bestimmen, kommt dieser Part in der Regel dem Vater zu, dem Mann, den die Schwangere liebt. Der ist in den meisten Fällen ihre erste Wahl.

Wie Männer die Geburt ihres Kindes erleben und Präsenz zeigen, ohne ihre Gefühle zu verleugnen, machen die drei folgenden Erlebnisberichte deutlich.

«Du bist willkommen. Ich bin dein Vater»

Als ein «Ereignis kosmischen Ausmaßes» beschreibt Michael die Geburt seines Sohnes. Der 26-Jährige ist nicht etwa Astrologe und hat auch keine Kurse zur Vermittlung schamanischen Wissens früherer Zeiten besucht. Als Vertreter für technische Geräte bereist er ganz Niedersachsen.

«Der Kleine hat unseren Zeitplan völlig durcheinander gebracht. Er war fast 14 Tage übertragen. Ich weiß, das ist völlig im Rahmen, aber ich muss ja meine Touren planen und hatte mir um den Geburtstermin herum viel Zeit gelassen», berichtet er. Glücklicherweise ist sein Chef selbst seit einem Jahr stolzer Vater. Michael konnte mit ihm absprechen, dass er zu seiner Frau fährt, «sobald der Anruf aus der Klinik kommt.»

Seine Frau war schon seit anderthalb Stunden im Kreißsaal, als er ankam. Es war ihre erste Geburt. Ein Arzt kam heraus und klärte ihn auf, was bisher passiert sei. Der Muttermund sei schnell sehr weit offen gewesen und um ihn geschmeidiger zu machen und so die Schmerzen zu lindern, hätten sie Prostaglandin gegeben. «Über die geburtseinleitende und beschleunigende Wirkung hat man uns gegenüber kein Wort verloren», sagt Michael. Im Kreißsaal gab es noch nicht einmal einen Haken, an den er seine Jacke aufhängen konnte. Einen Stuhl musste er sich selbst vom Gang holen.

«Als ich hereinkam, wurde ihr gerade die Kanüle für die schmerzstillende Medikation im Rückenmarksbereich gelegt. Ich konnte meine Frau berühren, ihre Hand halten, aber weiter nichts tun, sie wegen der Kanüle noch nicht mal richtig halten», berichtet er weiter. «Befremdet hat mich das Verhalten von Arzt, Hebamme und Anästhesist. Über unsere Köpfe hinweg haben sie sich gestritten über die Dosierung der Narkosemittel und sich regelrecht angeschrien. Ich war geschockt und wollte meiner Frau beistehen, war aber nicht in der Lage, etwas dagegen zu sagen. Und zum Medizinischen konnte ich sowieso nichts beitragen. Da habe ich mich schon sehr hilflos gefühlt.»

Michael versuchte während der fünf Stunden im Kreißsaal für seine Frau da zu sein. «Die Wehen waren sehr stark. Deshalb wurde uns abgeraten von der gemeinsamen tiefen Atmung, wie wir sie im Geburtsvorbereitungskurs gelernt hatten. Wir haben zwar gemeinsam geatmet, aber nur sehr flach. Unser Atem ist sozusagen auf den Wehen geritten. Somit war ich eher beruhigend dabei, habe mich nicht wirklich aktiv gefühlt.»

Trotz der Dauermedikation kamen sie nicht in Hektik, sondern hatten auch als Paar Momente intensiver Gemeinsamkeit. «Es war sehr anstrengend für sie. Wenn sie schrie und meinen Arm fest drückte und mich nach der Wehe ermattet, aber doch kraftvoll und offen ansah – da war ich dabei. Das war tiefe Liebe, obwohl die ganzen Mediziner im Raum waren.»

Das Kind musste mit der Saugglocke geholt werden. «Das hat mich noch mal ziemlich genervt. Sie müssten die Saugglocke über drei Wehen hinweg ansetzen, hat der Arzt gesagt. Meiner Frau gegenüber sprachen sie nur von einer Wehe. Das mag zwar beruhigend gemeint sein, ist aber irgendwie link und berechnend. Und ich musste sozusagen noch den Mitverschwörer spielen. Oder hätte ich in dem Augenblick einen Streit anfangen sollen?»

Dann war Paul da, schrie und sah nicht sehr zufrieden aus. «Er war noch voll Blut und Schleim. Im ersten Moment erinnerte ich mich daran, dass Katzen ihre Kleinen nach der Geburt sauber lecken. Ich habe dann die Nabelschnur durchtrennt. Das war gar nicht so einfach, mit dem Messer so nah an dem Baby. Ich wollte ihn ja nicht verletzen. Außerdem ist sie ziemlich fest, fühlt sich an wie eine dicke Sehne.»

Der Arzt hatte ihm das Messer quasi in die Hand gedrückt. Michael war zuerst verwirrt, im Nachhinein aber sehr froh, als Vater dieses «alte Ritual» vollzogen zu haben. Er konnte etwas tun, hatte eine Aufgabe. Später wurde ihm die tiefe symbolische Bedeutung dieser Aktion bewusst. «Der Vater trennt das Kind von der Mutter. Damit ist die körperliche Symbiose der beiden aufgehoben. Da wurde mir klar, ich habe jetzt Verantwortung für dieses neue Leben.»

Michael hat seinen Sohn gewaschen und ihn auf den Bauch der Mutter gelegt. «Da habe ich zum ersten Mal begriffen, dass er da ist, dass ich jetzt Vater bin. Das war ein Moment von innerlichem Jubel und Glück, völlig aufgeregt. Wie er da lag auf ihrem Bauch – ich konnte ihn anschauen und hatte gleich innere Zwiesprache mit ihm. ‹Du bist also mein Sohn.› Der Blickkontakt war sehr intensiv. Ein Blick ins Universum, als wären die Grenzen von Zeit und Raum aufgehoben.»

Seine Frau wurde wegen des Dammschnitts in den OP gefahren. Michael war zwei Stunden allein mit seinem Kind im Säuglingszimmer. «Zuerst habe ich ihn ausgepackt und auf meine Brust gelegt. Die hatten ihn gleich ganz fest eingewickelt. Ich wollte den Körperkontakt, meinen Sohn spüren und ihn spüren lassen: ‹Du bist da, und ich bin da. Du bist willkommen. Ich bin dein Vater. Das ist mein Körper, und so fühle ich mich an.› Ich wollte ihm gleich körperliches Grundvertrauen geben nach dieser für ihn sicher auch schweren Geburt. Obwohl er ja real noch nicht sehen konnte, hatte ich den Eindruck, er schaute mich an mit seinem Babycharme – so als wollte er sagen: ‹Jetzt bin ich da, jetzt kümmert euch um mich.› Das waren Momente tiefster Rührung.»

Er konnte mit seiner Frau noch einige Zeit im Säuglingszimmer verbringen. Der Arzt kam zu ihnen und erklärte ihnen noch einmal die Gründe für die Medikation und Behandlung, entschuldigte sich auch dafür, «etwas lauter geworden zu sein». «Damit war das nicht weggewischt, aber es blieb auch kein traumatisches Gefühl zurück.»

«*Fast wie Weihnachten*»

«Sehr friedlich, fast wie Weihnachten», so fasst Bernard, 42, das Erlebnis der Geburt seiner Tochter Joanna zusammen, obwohl sie mehr als 18 Stunden dauerte. Stressig empfand er eher die Zeit vorher. «Joanna war zehn Tage übertragen. Vier Mal sind wir ins Krankenhaus gefahren, weil leichte Wehen einsetzten und wir dachten, es ginge jetzt los.»

In der Klinik wurden sie freundlich empfangen. Die Wehen kamen schon alle zehn Minuten, aber nur leicht. So nutzten sie die Zeit zum Spazierengehen im Garten und zu einem Bad in der großen Wanne des Krankenhauses. «Die waren sehr gut ausgestattet. Wir konnten unsere eigenen Sachen mitbringen, Badeöl und Bademantel, Kassetten-Recorder und Musik. Nur Duftkerzen mochten sie nicht, wegen der Feuergefahr.» Sie aßen noch einmal gemeinsam, Bernard hatte zu Hause liebevoll Salate zubereitet und verschiedene kleine Häppchen und Dips. «Ich hatte eine Kühltasche mitgenommen, und für eine Dreiviertelstunde sah es in dem Raum aus wie auf dem Campingplatz, nur ohne Grill. Es war ein angenehmes Picknick. Die Geburt dauerte über 18 Stunden, da muss man sich verpflegen. Vom Krankenhaus wird man ja nicht versorgt.»

Das Bad hatte ausgereicht, um die Schwangere zu entspannen und die Geburt einzuleiten. «Ich war froh, dass das Warten ein Ende hatte. Ich habe meine Frau gehalten, wir haben gemeinsam geatmet und uns gestreichelt. Es lief so gut und ruhig, dass die Hebamme uns sogar für eine Weile allein ließ. ‹Ihr macht das schon›, sagte sie. Es war ein richtig natürlicher Fluss der Ereignisse. Im Nachhinein kann ich kaum fassen, dass alles ohne Komplikationen ging.»

Als die Presswehen kamen und die Schmerzen stärker wurden, hätte Bernard gerne mehr eingegriffen. «Da war ich richtig hilflos. Ich konnte nichts tun gegen ihre Schmerzen. Ein aktives Eingreifen war nicht möglich. Ich konnte nur da sein. Ihr signalisieren ‹Wir schaffen das.› Ich fühlte mich ohnmächtig, hatte einen dicken Kloß im Bauch, einen richtigen Krampf.»

Der löste sich mit der Geburt. «Die Hebamme war phantastisch. Sie hat alles kommentiert und beschrieben, was sie sah und was sie tat. Wir haben uns sehr gut aufgehoben gefühlt, beteiligt und als Mittelpunkt des Ereignisses, nicht als Fall oder Leute, die nicht wissen, was gut für sie ist. Auch die Ärztin hat sich zurückgehalten und nur ab und zu hereingeschaut. Die waren ein eingespieltes Team. Als der Kopf sichtbar war, das hat mich fast umgehauen. Mir wurde richtig schwindlig. Da kommt sie jetzt, in diesem Augenblick werde ich Vater – das waren meine Gedanken. Dieses Bild ist mir immer noch ganz deutlich in Erinnerung.

Ich war ganz überrascht, als ich sie zum ersten Mal in voller Lebensgröße sah. ‹So siehst du also aus›, dachte ich. Mit diesen ganzen Schrumpeln und Falten im Gesicht. Vorher hatte ich sie ja nur fühlen können durch den Bauch und wenn sie gestrampelt hat. Und es gab Ultraschallfotos, auf denen nur Ärzte und geübte Mütter etwas erkennen können und alles streifig aussieht. Das war sie nun – im wahrsten Sinne des Wortes – live.»

Die Nabelschnur durfte Michael nicht durchtrennen, denn sie hatte sich um den Hals des Babys gewickelt. «Als ich sie auf dem Arm hielt und herumtrug, habe ich erst gemerkt, wie kräftezehrend die Geburt gewesen war. Die Anstrengung fiel von mir ab wie kleine Steine, und die Muskeln entspannten sich langsam. Da hatte ich auf einmal ein ganz intensives Gefühl von Kontakt zu Joanna. Das hat sich auch sofort ausgewirkt auf sie, sie atmete ruhiger und fing an zu schreien. Das war toll, denn so wusste ich, alles ist in Ordnung, und sie ist gesund. Ich hielt sie auf dem Arm, und in diesem Augenblick habe ich eine Verbundenheit gespürt, eine tiefe existentielle Basis wie zu keinem anderen Menschen. Das war etwas Exklusives, der Wille, für da Kind da zu sein.»

Bernard bewunderte seine Frau für die Kraft, die sie aufgebracht hat, um das Kind ins Leben zu bringen. «Ich weiß nicht, ob ich das geschafft hätte.» Seine Tochter bewundert er auch. «Sie hatte auch einen immensen Durchhaltewillen. Diese enorme Energie, die nötig ist, um ein Kind auf die Welt zu bringen, hat einen nachhaltigen Eindruck auf mich hinterlassen. Die Gewalt und die Kraft dieses Ereignisses – wie muss das wohl für ein Kind sein?»

Einen Wermutstropfen hinterließen die Tage auf der Wochenstation. «Die waren viel mehr in einen Tagesablauf eingebunden. Alles musste erledigt und abgespult werden, die Schwestern waren viel distanzierter, vor allem zu mir als Mann. Angesprochen haben sie immer meine Frau, auch, wenn ich das Kind auf dem Arm hatte. Die haben mich richtig dumm da stehen lassen, als würde ich nicht dazugehören, als würde ich stören.»

«Momente intensiver Liebe»

Janosch, 31, kam gerade aus dem Kino. Seine Partnerin empfing ihn mit dem Köfferchen in der Hand an der Tür. Sie hatte einen Blasensprung gehabt, und sie fuhren ins Krankenhaus. Normalerweise hätten sie zur Beobachtung in der Klinik bleiben müssen, aber da sich gerade sechs Paare auf die Geburt vorbereiteten, wurden sie nach einer Untersuchung wieder nach Hause geschickt. So konnten sie sich noch eine ruhige gemeinsame Nacht und ein ausgiebiges Frühstück gönnen, bevor sie sich wieder ins Krankenhaus begaben.

Dort war man schon in Aufregung – «Wo bleiben Sie denn?» – und wollte die Schwangere sofort an den Wehentropf hängen. Das Paar lehnte ab, sehr zum Missfallen von Ärztin und Hebamme. Nach schulmedizinischer Auffassung soll das Kind innerhalb von 24 Stunden nach dem Blasensprung geboren sein. «Die waren richtig sauer. Meine Partnerin reagierte sehr stark auf die Atmosphäre. Sobald die Hebamme sprach, hörten die Wehen auf. Da das Schichtende kurz bevorstand, konnten wir durchsetzen, dass eine andere Hebamme kam. Die war viel ruhiger und ließ uns unsere Zeit nutzen und selbst bestimmen», sagte Janosch.

Sie gingen erst einmal spazieren, nutzten die Badewanne und gestalteten sich den Raum, so schön sie konnten. Farbige Tücher und Kissen wurden auf dem breiten Bett drapiert, Lampen verhängt und Streichkonzerte von Mozart klangen aus dem Kassettenrekorder.

«Meine Partnerin brauchte mich nicht die ganze Zeit und wollte gerne ein bisschen allein liegen. So hatte ich Zeit, Tagebuch zu schreiben und die Ereignisse zu notieren. Später habe ich diese Notizen an meine Eltern geschickt. Die waren sehr erstaunt, wie heute eine Geburt gemacht wird und wie ich es erlebt habe. Vor allem mein Vater hat es sehr bereut, dass er bei meiner Geburt nicht dabei sein durfte. Die Krankenhäuser ließen es damals nicht zu.»

Als die Wehen stärker wurden, legte sich Janosch zu seiner Partnerin, hielt und streichelte sie. «Als sie auf der Seite lag, mochte sie vor allem meine Hand im Rücken, kurz oberhalb des Kreuzbeins. Das hat sie als sehr stärkend empfunden.» Gemeinsam schauten sie auf den Wehenschreiber, lachten über die komischen Bewegungen des Geräts.

Diese Zeit war für die beiden sehr wichtig. «Wir hatten unsere Atmosphäre, unsere Stimmung, hatten Zeit, wirklich zueinander zu finden und ein gemeinsames Energiefeld aufzubauen. Viola, meine Partnerin, konnte sich dadurch bei mir sicher fühlen. Es war nötig und wichtig, das noch einmal intensiv zu spüren. Denn für sie war es auch ein Abschied von einer Schwangerschaft, die sie als sehr schön erlebt hatte. So konnte sie besser loslassen.»

Als sie in den Kreißsaal hinübergingen, wurden die Wehen sofort schwächer. Es dauerte eine Weile, bis sie in dem wesentlich funktionaler eingerichteten Raum voller medizinischer Geräte wieder eine gemeinsame Atmosphäre schaffen konnten. «Wir haben gemeinsam geatmet. Das kam ganz von allein, einfach, weil ich mich auf sie eingestellt habe. Über das gemeinsame Atmen kamen wir zum gemeinsamen Gedanken. Das hatte ich nie vorher erlebt, wirklich im gleichen Augenblick das Gleiche zu denken wie sie. Es war ein Gefühl von Offenheit und Weite. Zeit war unwichtig. Ich war sehr für sie da und mit ihr. Auch ich habe mich aufgehoben gefühlt bei ihr, nicht als der, der etwas für sie tut. Es war ein großes Gefühl intensiver Liebe.» Die Verbindung des Paares war sehr stark. Als Janosch für ein paar Minuten den Raum verließ, um sich eine Flasche Wasser zu holen, hörten die Wehen schlagartig auf.

Die Geburt zehrte stark an den Kräften. Sie dauerte über 24 Stunden. Zeitweise war Viola so schwach, dass ihr Kopf zur Seite fiel. «Ich habe sie gehalten, ihr geholfen, Kraftreserven zu mobilisieren. Ich habe unser Energiefeld gespürt, die Verbundenheit mit Viola, aber auch die Verbundenheit mit dem Leben. Das war schon ein spirituelles Ereignis. Ich habe mich als Medium gefühlt für Energie, die durch mich hindurchging und die ich ihr weitergab. Es war nicht so, dass ich ihr Kraft gab und selbst keine mehr hatte.»

Als er den Kopf seiner Tochter sah, wie sie sich auf diese Welt hervorarbeitete, fühlte sich Janosch «eingebunden in das Rad des Lebens. Dass wir Leben hervorgebracht haben – das hat mich unendlich stolz gemacht.» Dieses Vertrauen ins Leben wurde gleich auf eine harte Probe gestellt: Die Tochter war weiß und atmete kaum. Aus der Lunge musste Schleim abgesaugt werden. «Das kleine Kind an so einem Apparat – ich dachte, das kann sie nicht aushalten, der frisst sie auf.»

Als er sie dann auf dem Arm hielt und sie zum ersten Mal schrie, fiel ihm ein Stein vom Herzen. «Sie ist gesund und wirklich auf der Erde angekommen.» Im Säuglingszimmer hatte er endlich Zeit für seine Tochter. Sie lag für eine Weile auf seiner Brust und später angekuschelt neben ihm. «Ich hatte einfach Kontakt zu ihr, es musste nichts mehr getan werden, es gab keine Sorgen, nur wir beide waren da. Ich habe mit ihr geredet und sie willkommen geheißen, und natürlich glaube ich, dass sie mich auch verstanden hat. Als sie neben mir lag, hatte ich den Eindruck, sie sucht mich mit ihrem Köpfchen.»

Auch für Janosch war die Geburt sehr anstrengend gewesen. Er hatte 36 Stunden nicht geschlafen, keine «Auszeit» gehabt und viel Kraft gegeben. Er fuhr für ein paar Stunden nach Hause, telefonierte kurz mit Eltern und Schwiegereltern. «Mehr als ‹sie ist da› habe ich nicht herausgebracht. Ich glaube, das war das kürzeste Telefonat meines Lebens, obwohl es ein so wichtiges Ereignis war.» Erst dann spürte er die Erschöpfung. «Ich habe nur noch geweint, gekotzt und geschlafen.»

Väter wollen beteiligt sein!

Irgendwie sollen sie dabei sein und irgendwie auch nicht. Dieses Empfinden haben viele Väter nach der Geburt. Ratgeber weisen darauf hin, wie wichtig der Vater als körperliche und psychische Unterstützung für die Frau ist. Doch manchmal entsteht der Eindruck, der Vater solle nur helfen, damit es der Frau gut geht und medizinisch alles glatt und schnell abläuft.

In einigen Geburtskliniken gibt es keine Sitzgelegenheiten für Väter, keine Kleiderhaken an der Wand. Auch in den Geburtsgeschichten, die Sie eben gelesen haben, haben sich einige Väter vehement beschwert: Über mangelnde Information, mangelnde Ansprache durch Schwestern und Hebamme, von Ärzten und Ärztinnen instrumentalisiert worden zu sein.

Hier müssen Väter stärker für ihre Rechte eintreten. Es reicht nicht aus, darauf zu warten, dass jemand sich nach ihrem Befinden und ihren Bedürfnissen erkundigt. Sie müssen sich nehmen, was sie brauchen, und, wenn nötig, laut werden. Wenn Väter für sich gesorgt haben, können sie sich viel entspannter um die Schwangere und das Kind kümmern, kann ihre Ruhe der Frau helfen loszulassen und somit Schmerzen zu lindern.

Ein Vater, der nur als Hilfsinstrument angesehen wird, wird sich innerlich gegen diese Rolle wehren und sie sobald wie möglich wieder verlassen. Viele Frauen klagen, ihr Mann sei zwar bei der Geburt dabei gewesen, und das sei ja auch wichtig gewesen, aber danach … kein weiteres Engagement für Mutter, Kind und Haushalt.

Väter, die aktiv an der Geburt ihres Kindes teilnehmen, die sich verantwortlich fühlen für das Leben, das sie gezeugt haben und dafür, wie es auf die Welt kommt, haben de facto eine andere Rolle. Sie zeigen Verantwortung, Verbindlichkeit und Engagement.

Väter haben noch viel zu tun. Ihre Rolle bei der Geburt haben sie selbst bislang kaum beschrieben und definiert, sie ist ihnen von Ärzten und Ärztinnen, Hebammen und Frauen zugewiesen worden. Was Väter wollen, wie sie sich fühlen, welche Ansprache sie brauchen, wie sie ihre Rolle gegenüber Frau, Kind und Klinikpersonal sehen, können sie nur selbst erklären. Für viele Väter ist die Geburt ihrer Kinder das größte Ereignis in ihrem Leben. Sie sind davon sehr erfüllt und bereit, ihre Erfahrungen mitzuteilen. Wer sie fragt, erhält reichhaltige Antworten. Ärzte, Hebammen und professionelle Helferinnen sind also gut beraten, Väter als aktiv an der Geburt Beteiligte anzusprechen und ernst zu nehmen. Und: Die Einbeziehung der Väter muss endlich Eingang in die Ausbildung von Ärzten und Ärztinnen und Hebammen finden! Fortbildungen in diesem Bereich sollten zum Kriterium für Qualitätsentwicklung von Geburtskliniken gehören. Je mehr Väter die Geburt ihres Kindes begleiten, desto stärker wird die Wahrnehmung ihrer Belange auch die Auswahl der Geburtsklinik beeinflussen.

All dies sieht ganz anders aus, wenn Sie sich eine Hebamme Ihrer Wahl sichern und gemeinsam eine Hausgeburt vorbereiten. Sie ist bei normalem Schwangerschaftsverlauf zu empfehlen, wenn Sie und Ihre Partnerin sich darauf einlassen. Auch in Geburtshäusern – angesiedelt vor allem in Großstädten – finden Sie eine familien- und väterfreundliche Atmosphäre. (Vgl. Hilsberg 2000 und Adressen S. 150 ff.)

Tipps *zur Geburt*

- Haben Sie den Geburtsplan, den Sie am Ende der Schwangerschaft mit Ihrer Partnerin erarbeitet haben (s. S. 59), griffbereit? Nehmen Sie ihn mit in die Klinik!
- In manchen Geburtskliniken können Sie sich für eine Hebamme Ihrer Wahl entscheiden. Sprechen Sie mit der Hebamme über Ihre Rolle während der Geburt. Versichern Sie sich, dass Sie auch von ihr als aktiver Partner angesprochen und akzeptiert werden.
- Schauen Sie sich gemeinsam den Kreißsaal, das Vorbereitungszimmer und den Säuglingsraum an. Klären Sie mit dem Personal, wie Sie ihn gestalten können, damit Sie sich als Paar dort aufgehoben fühlen. Sind Musik erlaubt, eigene Decken und Kissen? Gibt es Sitzgelegenheiten für den Vater, einen Ort für seine Sachen, einen Platz, an dem er sich ausruhen und neue Kraft schöpfen kann?
- Gerade die erste Geburt kann sehr lange dauern, 24 Stunden sind keine Seltenheit. Sorgen Sie in Absprache mit Ihrer Partnerin für ausreichend Essen und Getränke. Leichte, vitaminreiche und energiespendende Kost! Meist ist es für Väter nicht möglich, sich vom Krankenhaus verpflegen zu lassen.
- Viele Schwierigkeiten bei der Geburt, wie Steißlage etc., sind vorher bekannt. Sprechen Sie mit Ihrer Partnerin und der behandelnden Ärztin

über notwendige medizinische Maßnahmen. Wenn genügend Zeit ist, holen Sie andere Meinungen ein, z. B. bei einer erfahrenen Hebamme. Nicht immer ist ein Wehentropf notwendig.

- Das Energiefeld, das Sie und Ihre Partnerin während der Geburt aufbauen, ist wichtig für Paar und Kind. Nehmen Sie Ihre Wahrnehmungen ernst! Sie helfen damit Ihrer Partnerin und dem Kind.

- Auch für Sie ist die Geburt anstrengend. Nehmen Sie sich unbedingt ein paar Tage danach frei!

- Sorgen Sie für Ruhe für sich selbst, das Kind und die Mutter. Es muss jetzt nichts mehr erledigt werden, es gibt keine wichtigen Termine. Notfalls den Telefonstecker ziehen, denn spätestens der dritte Anruf «Wie war's denn?», nervt.

- Mit wem, außer mit Ihrer Partnerin, wollen Sie über Ihr Geburtserlebnis sprechen? Freund, Vater, Freundin, Vätergruppe? Auch Sie müssen das Erlebte verarbeiten. Innerhalb der ersten drei Tage sind die Eindrücke noch frisch, noch nicht zerredet, Sie sind noch nicht in einem neuen Trott, der Gefühle verdrängt oder nicht ernst nehmen lässt. Verabreden Sie sich für ein Gespräch, und nehmen Sie sich ein paar Stunden Zeit!

Alles wird anders – Das Leben als Vater

Mit der Vaterschaft steht eine Neuorientierung der gesamten Lebensverhältnisse an, für kaum eine Veränderung ist die Bezeichnung «neuer Lebensabschnitt» so passend. Nichts bleibt, wie es war. Das Kind ist immer da. Entweder real anwesend oder in Gedanken. Der Vater ist nicht mehr nur für sich selbst und sein Leben, seine Handlungen verantwortlich, sondern trägt auch die elterliche Sorge für das Leben und Handeln, für die Versorgung und Erziehung seines Kindes, oder seiner Kinder, mit. Was das konkret bedeutet, ist in jeder Familie anders. Janosch setzte sich ein paar Tage nach der Geburt an den Schreibtisch, ließ seine Lebensversicherung ändern auf den Namen des Kindes, schloss eine Ausbildungsversicherung ab, benachrichtigte die Haftpflichtversicherung über das neue Risiko «Kind», setzte ein Testament auf und eine Verfügung für den Fall seiner dauernden Unmündigkeit. Er richtete bei der Bank ein gemeinsames Konto ein und ließ sein Gehalt dorthin überweisen. «Das war der erste konkrete Schritt in Richtung Verantwortung für die Familie. Das hat deutlich gemacht: Die sind jetzt abhängig von mir, ich bin für die Finanzen zuständig, für die nächste Zeit der Ernährer.»

Hauptnähren zu sein, ist eine große Verpflichtung. Der Mann kann nicht mehr sein selbst verdientes Geld nach seinem Gutdünken ausgeben, es ist nicht mehr nur sein Einkommen, es ist Einkommen der Familie. Stärker als vorher müssen Ausgaben geplant und eingeplant werden, Rücklagen für den Urlaub oder die Renovierung der Wohnung gebildet werden. In einer partnerschaftlichen Beziehung ist nicht mehr, wie früher, der Mann allein dafür zuständig, bestimmt wichtige Ausgaben und teilt der Frau das Haushaltsgeld zu. Die Frau hat Verfügungsgewalt über das Konto. Wichtige Ausgaben, auch für das Kind, müssen abgesprochen, der frei verfügbare Teil des Einkommens aufgeteilt werden. Der entsprechende Betrag kann auch an die Frau überwiesen werden, wenn keine gemeinsame Bankverbindung bestehen soll.

«So weit nach vorn hatte ich noch nie gedacht. Bisher hatte ich in den Tag oder besser in das Jahr hinein gelebt», sagt Janosch. «Jetzt wollte ich für die Kleine alles geordnet und sicher haben.» Was für Janosch eine große Veränderung bedeutet, ist für andere alltäglich. Jan musste sich auf die sich wandelnden und neuen Bedürfnisse des Kindes und der Familie einstellen. «Bis jetzt hatte ich meinen Dienst, dann kam ich nach Hause, habe etwas gegessen, verschiedene Dinge erledigt und dann konnte ich frei über meine Zeit verfügen. Jetzt komme ich nach Hause und weiß erst mal nicht, was mich erwartet, ob das Kind schreit, ob es Ruhe braucht oder spielen will, ob meine Partnerin völlig kaputt und genervt ist oder sich auf mich freut. Das ist ganz schön anstrengend.»

Verantwortung für ein Kind und eine Familie zu übernehmen, damit den Aufgaben- und Kompetenzbereich zu erweitern, ist etwas Neues. Was neu ist, schafft Unsicherheiten und dann ziehen sich Frauen und Männer gern auf Gewohntes, vermeintlich Sicheres zurück – die Traditionalisierungsfalle schnappt zu, die bekannte bürgerliche Rollenverteilung wird aufs Neue etabliert.
Dafür gibt es handfeste materielle Gründe, meist geht die Frau, die einige Monate oder gar ein Jahr lang stillen will, in Erziehungsurlaub. Für diese Zeit fällt ihr Verdienst weg, das Erziehungsgeld kann den Einkommensverlust in der Regel nicht ausgleichen. Die Folge: Einschränkungen und Mehrarbeit des Mannes. «Natürlich haben wir gerechnet», sagt Jan. «Ein Jahr konnten wir gut durchhalten, dann mussten wir überlegen, ob ich Überstunden annehme oder noch einen Nebenjob oder ob sie wieder ein paar Stunden arbeitet. Aber dann müssten wir die Betreuung bezahlen, denn unsere Eltern wohnen in anderen Städten.» Da ist Kreativität gefragt und eine gemeinsame Entscheidung des

Paares, insbesondere, was das «Sparprogramm» angeht. «Wir haben richtig gefeilscht», erzählt Jan. «Sie hat auf einen Friseurbesuch im Monat verzichtet und ich auf ein neues Werkzeug.» Das Aushandeln ist wichtig, sonst kann es sein, dass die Partner sich Vorhaltungen machen wie: «Ich musste wegen dir und dem Kind auf alles verzichten.» Und schon ist eine ernsthafte Krise da.

Eine Übung in Demut

Auch auf der persönlichen Ebene beanspruchen Familie und Kind mehr Zeit, Muße und Raum. Der Vater kann nicht mehr so frei über seine Zeit verfügen. Es muss ausgehandelt werden, wer an welchem Abend zu Hause bleibt und auf das Kind aufpasst, wann welche Freunde eingeladen werden, damit es der Familie nicht zu viel wird. «Vater sein ist eine beständige Übung in Demut», meint Walter. Dabei ist er alles andere als ein gläubiger Kirchgänger. «Ich kann zu Hause nicht mehr einfach herumwerkeln. Es sei denn, ich hätte mit meiner Partnerin klar abgesprochen, dass sie jetzt für das Kleine zuständig ist oder die beiden unterwegs sind. Sonst muss ich immer damit rechnen, dass das Kind schreit oder meine Aufmerksamkeit braucht. So dauert das Schreinern von Stühlen oder einem Küchentisch länger und ist nicht so befriedigend, weil ich nicht dranbleiben kann.» Handeln Sie unbedingt mit Ihrer Partnerin aus, wann Sie für bestimmte Hobbys oder Tätigkeiten ein paar Stunden am Stück brauchen und wann Sie nebenbei auch auf das Kind achten können. Sonst wird das Kleine schnell zum Störenfried, der Sie nicht zu dem kommen lässt, was Sie eigentlich wollen.

«Eine beständige Übung in Demut» heißt, fähig zu sein, eigene Bedürfnisse hintanstellen zu können, sie nicht sofort verwirklichen zu müssen. Sie besitzen eine große Stärke als Vater (und als Mann), wenn Sie diese inneren Spannungen aushalten können. Das widerspricht dem Zeitgeist, der in schnellem Konsum und Ausleben der eigenen Individualität die höchste Befriedigung sieht.

Mal schnell etwas zu erledigen, ist mit dem Kind nur selten möglich. Da muss es noch gewickelt werden, es schreit, es hat Hunger. Gerade jetzt finden Sie die Mütze nicht. Zufällig schläft es gerade, diesmal länger als sonst usw. Nehmen Sie sich an einem Tag mit Kind nur wenig vor. Eine Sache zu erledigen ist gut und befriedigend. Sich vier Sachen vorgenommen haben und nur eine erledigen zu können, frustriert. Das gilt auch für den Einkauf. Hier mal schauen und da mal kurz reingehen bedeutet für viele Kinder Reizüberflutung und Stress. Sie können innere Spannungen nicht aushalten wie Erwachsene, ihre innere Zeit drängt danach, Bedürfnisse sofort zu befriedigen. Kurz vor dem Stillen oder Schlafen noch mal zum Supermarkt gehen führt oft zu Geschrei und schlechter Laune der ganzen Familie. Nehmen Sie sich dennoch ruhig etwas vor mit dem Kind, es braucht Anregungen und soll lernen, sich in der Welt zurechtzufinden. Aber bleiben Sie in Kontakt mit ihm, muten Sie sich und dem Kind nur so viel zu, wie es auch gut oder gar freudig mitmachen kann.

Wie fühlt es sich an, Vater zu sein?

«Geil», antwortet Janosch auf meine Frage. «Das ist unbeschreiblich. Herzlich. Tiefer Kontakt von Herz zu Herz. Überbordende und bedingungslose Liebe. Das ist so rührend, die Kleine zu sehen, wenn sie strampelt, und erst recht, wenn ich sie auf dem Arm halte. Da kommen mir manchmal die Tränen. Das ist sehr körperlich. Das habe ich noch nie gefühlt, auch nicht mit meiner Partnerin, das ist etwas ganz anderes.»

«Ganz normal», sagt Aziz, 24, Taxifahrer. «Vorher war es im Bauch, jetzt ist es eben da. Kinder gehören einfach dazu. Jetzt komme ich halt nicht mehr zu meiner Frau nach Hause, sondern zu meiner Familie.»

«Das ist schon komisch», meint Gerald. «Da muss ich mich erst dran gewöhnen. Als ich das Kleine zum ersten Mal sah, dachte ich: ‹So, das ist jetzt also deins!› Ein Gefühl dazu habe ich erst bekommen, als ich es auf dem Arm hatte. Dann habe ich ihm auch gesagt, dass ich sein Papa bin und für es sorgen werde.»

Drei Antworten, die zeigen: Ein gleichartiges Gefühl von Vaterschaft gibt es nicht. Es ist abhängig vom guten oder krisenhaften Verlauf der Schwangerschaft, vom positiven oder schockierenden Erlebnis der Geburt, von der Beziehung zur Partnerin und der Kommunikation mit ihr, vom Selbstbild als Mann, von den eigenen Werten, von den eigenen Erlebnissen als Kind und nicht zuletzt von den erwarteten Reaktionen des Umfelds, besonders der eigenen Eltern.

Für viele Männer ändert die Vaterschaft das Selbstbild und das Selbstwertgefühl sehr positiv. Janosch hätte am liebsten die ganze Welt umarmt, so stolz war er, Vater zu sein. «Nach einer Woche gingen wir zum ersten Mal zu dritt durch die Stadt. Ich hatte die Kleine im Tragetuch vor dem Bauch, meine Liebste an der rechten Seite im Arm. Ich wollte allen zeigen: ‹Schaut her, das bin ich jetzt, das ist meine Frau, das ist meine Tochter.›»

Der Energieschub durch die Schwangerschaft, von dem im vorigen Kapitel die Rede war, erhält direkt nach der Geburt oft neue Nahrung. Junge Väter leisten mehr, gehen mit mehr Elan an neue Aufgaben, ist die Erfahrung mancher Betriebe. «Ich war gut drauf, hatte eine positive Ausstrahlung, auch mehr Feuer und mehr Biss», sagt Hauke, 26, Versicherungsagent. «In den ersten Monaten nach der Geburt habe ich viele neue Kunden gewonnen und bessere Abschlüsse getätigt. Unsere Sekretärin sagte, ich würde ja richtig Charme versprühen und gute Laune.» Eine Beförderung stand bald in Aussicht. «Natürlich habe ich mich enorm bestätigt gefühlt.»

Die positive Ausstrahlung durch die Vaterschaft wirkte auch bei Aziz. «Viele Kunden sagten mir, ich sei ja ein freundlicher Taxifahrer, und einige verlangten bei der Zentrale speziell mich als Fahrer.»

Die Arbeitgeber sind selten begeistert

Aziz fühlte sich aufgewertet durch die Vaterschaft. «Die Kollegen haben mir auf die Schulter geklopft und mir gratuliert. Sie haben sogar für einen Blumenstrauß für meine Frau gesammelt. Ich hatte dumme Sprüche erwartet, so was wie ‹Jetzt hast du auch lebenslänglich!› Das kam aber nicht.»

Mit so freundlichen Kollegen kann leider nicht jeder Mann rechnen.

Auch einen Blumenstrauß bekommen Väter höchst selten, eher müssen sie die Kollegen und Kolleginnen einladen, um die Vaterschaft zu begießen. Manche Reaktionen machen die familienfeindliche Struktur der Arbeitswelt sehr deutlich. Edmund, 42, Abteilungsleiter in einem Verlag, wurde zu seinem Chef zitiert. «Der wollte genau wissen, wie ich den Alltag mit Kind zu organisieren gedenke. Erst war ich überrascht über so viel Anteilnahme, dann wurde mir klar, er will nur wissen, ob er weiter wie bisher über meine Zeit und Arbeitskraft verfügen kann.» So fühlte er sich auf dem absteigenden Ast. «Die Kollegen – auch die Frauen – machten Anspielungen wie: ‹Gibst du jetzt einen Ratgeber für Väter heraus?› Und: ‹Na, ausgeschlafen heute?› Aber direkt angesprochen hat mich keiner. Das grenzte schon an Mobbing. Nach ein paar Monaten war das vorbei, als sie sahen, dass ich meine Arbeit wie vorher erledigte und meine Stellung im Betrieb auch verteidigte.»

Solche Reaktionen sind eine große Belastung für die ganze Familie. Der gemobbte Vater ist nach der Arbeit eben nicht völlig fit, sich mit einem schreienden Säugling auseinander zu setzen und die Frau bei ihren Schwierigkeiten mit der Umstellung auf die Rolle als Mutter zu unterstützen. Er braucht eigentlich selber Unterstützung für sich und seine Situation. Die Frau ist dazu nur bedingt in der Lage, eben so, wie es die Versorgung des Kindes zulässt. Dennoch sollte der Vater solche Probleme auf gar keinen Fall verschweigen. Für die Partnerin ist es eine stärkere Belastung, wenn sie zwar fühlt, dass etwas nicht in Ordnung ist, aber nicht weiß, worum es geht.

So war es auch bei Edmund: «Ich wollte meine Frau in der neuen Situation nicht belasten und hatte noch keine Lösung in Sicht.» Im Streit spürte Edmund, dass seine Frau tatsächlich zu ihm steht und wirklich Interesse an ihm und seiner Lage hat. Für sie war es wichtig zu wissen, dass es nichts mit ihr und dem Kind zu tun hat. Sie ermöglichte ihm eine Pause, wenn er nach Hause kam, und fragte nach dem Tag im Verlag. Er fühlte sich von ihr gestärkt und war so besser in der Lage, sich zusätzlich bei Freunden und einer Beratungsstelle Unterstützung zu holen.

Auch die Großeltern freuen sich nicht immer

Auch die Reaktion der Großeltern auf die Geburt eines Enkels sind nicht immer unproblematisch. Auch ihre Stellung im Familiengefüge ändert sich. «Mein Vater hat sich gefreut, keine Frage», erzählt Janosch. «In einer stillen Stunde nahm er mich zur Seite und meinte: ‹Jetzt bin ich Großvater, jetzt bin ich wirklich alt.› Ich habe ihn nur in den Arm genommen und gesagt: ‹Ach, Papa!› Damit war alles klar.» Geralds Schwiegermutter meinte auf die Nachricht, sie wäre nun Großmutter, nur «Was?» und meldete sich ein halbes Jahr lang nicht. Dann rief sie ihre Tochter an und fragte, warum sie denn mit einem Kind ihr Leben zerstört hätte. Ungelebte Wünsche und das Gefühl, ihre Mutterschaft hätte ihr Leben ruiniert, brachen sich Bahn. Geralds Partnerin war am Boden zerstört, war sie doch nie auf die Idee gekommen, ein unerwünschtes Kind gewesen zu sein. Die Aufarbeitung dieser Mutter-Tochter-Beziehung beanspruchte viel Raum in der Partnerschaft. Gerald: «Ich musste aufpassen, dass sie unserem Kind nicht zu viel gibt und alle Schwierigkeiten abnimmt, weil es sich doch geliebt und willkommen fühlen soll.»

Im Allgemeinen allerdings freuen sich die Großeltern über ihre Enkel und sind, wenn sie in der Nähe wohnen, gerne bereit, die Kleinen zu betreuen. Für die Enkel sind in der Freizeit Spiel und Spaß mit Oma und Opa angesagt. Großeltern sind eben nicht in erster Linie für die Versorgung der Kleinen zuständig. Die Ablösungs- und Individuationsprozesse der Kinder und die damit verbundenen, oft schmerzhaften Auseinandersetzungen sind eine Sache zwischen Eltern und Kindern. Machtspiele, die Eltern zur Verzweiflung bringen, laufen mit Großeltern nur ganz selten.

Das kann schon einen Stich geben. Hauke: «Ich erinnere mich an viele harte Auseinandersetzungen mit meinem Vater. Er kam müde von der Arbeit und war nicht dazu aufgelegt, mit seinen Kindern zu spielen. Das gab es nur selten, am Wochenende oder im Urlaub. Wenn ich jetzt sehe, wie mein Vater liebevoll und intensiv mit meiner Tochter spielt, habe ich manchmal einen Krampf im Bauch. Das hatte ich nicht erlebt mit ihm.» Er sprach seinen Vater daraufhin an. Die Antwort: «Ich bin zwar noch nicht in Rente, aber ich will auch nichts mehr werden in der

Firma. Und ich habe nicht andauernd Kinder um mich, die etwas von mir wollen.»

Für die Eltern kann es eine Bereicherung sein, wenn ihre Kinder unbeschwert mit den Großeltern zusammen sind. Großeltern dürfen sich aber nicht mit ihren Enkeln gegen die Eltern verbünden und nach einem Streit oder Konflikt sagen: «Ich hätte das alles besser gemacht!» Wenn sich Oma und Opa in die Erziehung einmischen, führt das häufig zu lang anhaltenden familiären Zerwürfnissen und mindestens zu Irritationen bei den Kindern: Die Eltern, die verlässliche Orientierung bieten sollen, werden angegriffen oder gar demontiert. Großeltern müssen die Bemühungen der Eltern achten. Dr. Harald Knoke, Leiter der Erziehungsberatungsstelle der Stadt Göttingen, meint dazu: «Der Weg zum Enkel führt über die Eltern» (PAPS – Welt der Väter 3, 1998, S. 22).

Neue Freunde für die junge Familie

Für viele junge Eltern ändert sich der Freundeskreis grundlegend. Nicht alle können oder wollen sich in die Situation einer jungen Familie hineindenken. Manche fühlen sich durch Kinder gestört oder an eigene, negative Erlebnisse erinnert. Hauke: «Meine beste Freundin hatte eine Fehlgeburt gehabt. Als sie von unserem freudigen Ereignis hörte, reagierte sie völlig zickig, sie hat noch nicht einmal gratuliert. Als ich sie darauf ansprach, wies sie das weit von sich und suchte Erklärungen bei mir und meiner Familie.»

Janoschs Bekanntenkreis hat sich seit der Schwangerschaft sehr verändert. «Ich gehe nicht mehr auf die Piste. Oft gibt es jetzt nur noch ein ‹Hallo, wie geht's?› auf der Straße. Das siebt sich aus. Wer verlässlich ist und wer wirklich ein Interesse an mir hat, der bleibt auch.»

«Ach so, du hast jetzt ja Familie», sagte ein Freund zu Jan am Telefon, als er sich nachts um halb elf noch für die Spätvorstellung im Kino verabreden wollte. «Das habe ich früher sehr gerne gemacht, ich bin ein richtiger Cineast. Jetzt verabreden wir uns lieber zum Abendessen und sind uns viel näher gekommen, weil er mehr davon mitbekommt, wie ich wirklich lebe.»

«Wir haben von unseren Freunden viel tatkräftige Unterstützung bekommen», sagt Walter. «Die haben angerufen und gefragt, was sie für uns einkaufen sollen. In den ersten Wochen kam sogar mein bester Freund zum Fensterputzen vorbei. Andere haben uns zum Essen eingeladen oder bei uns gekocht. Ich hätte nicht gedacht, dass so viele bereit sind, etwas für uns zu tun. Das hat uns schon sehr berührt.» Ihnen wurde bewusst, wie wichtig sie für ihre Freunde sind, als Personen und als Familie. «Das ist sehr wertvoll. Wer mein Kind nicht mag oder mit meiner Familie nicht klarkommt, mit dem ist Freundschaft sehr schwer.»

Mit dem Status als Familie ändern sich Werthaltungen, und die neuen müssen vom Freundeskreis akzeptiert werden. Wo früher individuelle Freiheit und Spaß angesagt waren, steht jetzt Verlässlichkeit im Vordergrund. «Wenn mich früher jemand zu spät zum Kino abgeholt hat, war ich ärgerlich, aber das war schnell verraucht», sagt Jan. «Wer aufs Kind aufpassen will, damit wir ins Kino gehen können, der muss um sieben spätestens da sein, damit sich das Kind auf ihn einstellen kann. Und wenn er das nicht ist, bin ich sauer und zeige das auch.»

Wenn Freunde für die Familie mitdenken, sind sie eine wertvolle Stütze für das Paar und das Kind. Sie helfen, weiterhin am gesellschaftlichen Leben teilzuhaben und nicht in der alltäglichen Familienarbeit zu versauern. Auch Väter müssen mal raus! Das hilft gegen Stress, erhöht die Zufriedenheit und gibt neue Energie. Auch Männer müssen einfach mal erzählen, wie es ihnen geht, was los ist, was frustriert, wie nervig das Kleine ist und das Geschrei in der Nacht. Dazu gehört auch, mal auf die Partnerin zu schimpfen. Die negativen Seiten der Beziehung brauchen Raum und wollen angesprochen sein, aber nicht in Gegenwart des Kindes. Andererseits müssen auch Väter erzählen können, was toll ist am Vatersein, wie süß das Kleine ist, was es alles schon macht, wie es kräht und sabbert und welche Entwicklungsschritte es gerade hinter sich hat. Diese Liebe braucht Raum und will geäußert sein – und sie braucht Rückmeldung. Es tut einfach gut, von einem Freund zu hören, dass man ein guter Vater ist!

Tipps *für Freunde und für Vätertreffs*

Hugos Freunde hatten eine gute Idee: «Zur Geburt haben wir eine ganze Reihe Gutscheine für einen Abend Babysitten bekommen.»

■■■■ Solche Gutscheine können Sie sich doch auch schenken lassen – zum Beispiel zum Geburtstag Ihres Kindes oder zu Ihrem nächsten Geburtstag. Neben Babysitten können auch Wünsche erfüllt werden: Wohnung putzen, Gartenarbeit …

■■■■ Viele Paare suchen Kontakt zu anderen jungen Familien, denn die sind meist auch an einem Austausch interessiert. Da bieten sich vor allem Paare aus dem Geburtsvorbereitungskurs an. Deren Kinder sind im gleichen Alter, die Entwicklungsschritte sind vergleichbar, die Probleme ähnlich gelagert. Hier gibt es nützliche Tipps über Bezugsquellen für gesunde Babycremes, Termine von Flohmärkten für preiswerte Kinderkleidung etc.

■■■■ Viele Beratungsstellen und Zentren für Schwangerschaft und Geburt bieten nicht nur Vorbereitungskurse an, sondern auch Treffs für Eltern und Kinder. Väter sind hier besonders gern gesehen, denn die Veranstaltungen sind in der Hauptsache von Müttern besucht. Über solche Zentren ist es sicher auch möglich, einen Vätertreff zu organisieren.

Mit dem Baby unterwegs

Auf der Straße bekommt man mit einem Baby auf dem Arm schnell Kontakt. «Kein Tag vergeht, ohne dass jemand ‹Ach wie süß …› sagt oder Eltern ihre Kinder auf das Baby hinweisen», sagt Jan. «Wenn ich mit dem Kleinen im Tragetuch durch die Stadt gehe, spüre ich viele Blicke, mal bewundernd, mal eifersüchtig.» So können sich nette Gespräche entwickeln oder Kontakte zu Familien in der Nachbarschaft entstehen. Natürlich baut ein anerkennender Blick einer schönen Frau auch das Ego eines Vaters auf. «Den Blick erwidere ich gern auch etwas länger», grinst Jan. Seiner Partnerin wurde das zu viel. «‹Ewig glotzen dich diese Frauen an, wenn du mit dem Kind unterwegs bist›, murrte sie. Da habe ich sie in den Arm genommen und ihr gesagt, dass die mich gar nicht interessieren, aber dass es mir gut tut, auch mit Kind als ein attraktiver Mann gesehen zu werden. ‹Naja, das bist du ja auch›, sagte sie.»

Manchmal muss man das Kind vor Zudringlichkeiten schützen, besonders bei körperlichen Berührungen. Die Hemmung, fremde Kinder zu berühren oder zu streicheln, ist in unserer Gesellschaft leider sehr gering. Wer würde einem fremden Erwachsenen über den Kopf streicheln oder in die Backe kneifen? Walter: «Nach dem ‹Ach, ist das niedlich …›, fasste eine ältere Dame die Kleine gleich ans Bein. Auf meinen Protest sagte sie: ‹Ich fass doch so gerne an die Füßchen!› Als ob das ein Grund wäre. Ich ziehe sie ja auch nicht an der Nase.» Solche Übergriffe in den Eigenraum des Kindes dürfen Eltern nicht hinnehmen, sonst fühlt es sich bei ihnen nicht mehr sicher.

Unter Müttern

Hahn im Korb, sehr umschwärmt, viele schöne junge Frauen, die sich um den Vater bemühen – ein solches Bild kann entstehen, wenn man Sätze wie «Väter besonders willkommen» unter der Ankündigung einer Eltern-Kind-Gruppe liest. Diese Illusion muss ich Ihnen rauben, denn die Alltagserfahrung sieht anders aus.
Väter sind in Elterntreffs, Kindergruppen oder Spielkreisen immer noch eine Seltenheit. «Ich will doch gar nichts Besonderes sein», sagt Berthold, 29, Krankenpfleger im Schichtdienst. «Natürlich habe ich mich erst mal über das: ‹Oh, ein Mann!› gefreut.» Bei den ersten Treffs der Eltern-Kind-Gruppe stand er im Mittelpunkt. «Die Frauen waren sehr interessiert, was ich arbeite, was meine Partnerin macht, wie wir das hinkriegen mit Haushalt und Beruf. Aber das war's dann auch. – Da herrschte eine typische Mutti-Atmosphäre», fährt er fort. «Das fing schon mit den Keksen an. Reihum sollte jeder etwas mitbringen, die Mütter kamen mit tollem Selbstgebackenem und bei jedem Biss wurde gejubelt: ‹Oh, wie lecker!› Als ich mit gekauften Keksen auftauchte, kamen sofort Sprüche, dass Vätern ja alles anbrennt und sie nichts im Haushalt tun.»

Mütter und Väter etablieren Normen

In vielen Gruppen etablieren sich Normen, wie mit Kindern richtig umzugehen ist. Peter, 32, EDV-Sachbearbeiter und über mehrere Monate arbeitslos: «Das war sehr behütend. Die Mütter hockten im Kreis um ihre Kinder herum und redeten und kommentierten jede Bewegung ihrer Sprösslinge. Wenn eins das andere anstubste, dass es umfiel, eher aus Ungeschicklichkeit, kam sofort: ‹Sei doch nicht so grob!› oder: ‹Wieder der Jan, das kennen wir ja!› Wenn ich bei Aktionen von meinem Jüngsten nicht eingegriffen habe, erhielt ich mahnende Blicke, oder es wurde allgemein über Aggression von Kindern gesprochen.»

Gesellschaftliche Bilder von Männern und Frauen werden in solchen Gruppen immer wieder reproduziert. Frauen neigen eher zu ruhigeren, versorgenden Beschäftigungen oder Bastelaktionen, Männer eher zu körperlichen und sportiven Spielen (vgl. Fthenakis 1988, S. 253 ff.). «Von den Müttern wäre keine auf die Idee gekommen, ihr Kind in die Luft zu werfen, sich mit ihm zu balgen oder seinen Tritten Widerstand entgegenzusetzen», sagt Berthold. «Im Gegenteil», bestätigt Peter. «Wenn sie das bei mir gesehen haben, fragten sie rhetorisch, ob das Kind davon keinen Schaden nähme. Andererseits waren sie froh, wenn ich der Wut der Kinder standhielt und konsequent Grenzen setzte, wenn sie zu heftig wurden. Das brauchten sie dann nicht zu tun.» So wird das Bild des Vaters als der «aggressivere» Teil der Eltern, der dazu da ist, Ordnung zu schaffen, weitergegeben. Väter wie Mütter haben ihren Anteil daran.

Väter, die ihre Kinder vom Kindergarten abholen, berichten regelmäßig, Trauben von Kindern, Jungen wie Mädchen, würden an ihren Beinen hängen. Sie wollen die Aufmerksamkeit eines Mannes, sie wollen toben, rangeln, in die Kissenburg geworfen werden. Allein mit dem Mangel an Männern im Kindergarten lässt sich das Phänomen nicht erklären. Offenbar werden hier Bedürfnisse der Kinder nach körperlichem Austoben von den Erzieherinnen und Müttern nicht ausreichend befriedigt, bzw. den Kindern ist bereits in diesem Alter klar, dass sie diese Bedürfnisse auf Männer richten müssen. Wenn sich da etwas verändern soll, müssen beide Seiten dazu bereit sein.

Väter fühlen sich ausgeschlossen

«Es war schlichtweg langweilig», sagt Peter über die Gespräche in der Eltern-Kind-Gruppe. «Es ging um neue Kleider für Mutter und Kind, um die Konsistenz der Scheiße, wo die niedlichen pädagogisch wertvollen Stoffpüppchen zu kaufen sind usw. Einmal ist das ja o. k. und es gibt auch gute Tipps. Aber sich nur darüber zu unterhalten ist mir einfach zu wenig.» Er vermisste Gespräche, die über den persönlichen Alltag mit dem Kind hinausgingen. «Was eher Politisches, wieso man so lange auf einen Kindergartenplatz warten muss, wieso es so wenig Krippenplätze gibt und keine kostenlosen überdachten Spielplätze im Winter. Oder über Erziehungsstile, wie man mit Medien umgeht und so.»

Berthold fühlte sich ausgeschlossen. «Dieses Hihihi, Küsschen hier, Küsschen da, ‹Ach, was hat der Kleine nicht schon wieder alles tolles gemacht!› ist nicht mein Ding. Aber so fanden sich alle Mütter zusammen, hatten ihre Atmosphäre, haben sich im Kreis gesetzt und einander zugewandt. Ich war draußen, bin manchmal richtig geflohen, mit einem oder zwei Kindern vor die Tür. Wenn ich wiederkam, war kurzes Schweigen. Da merkte ich, dass ich von ihnen als störend empfunden wurde.»

Diese Erfahrungen werden sich erst ändern, wenn Männer verstärkt in Eltern-Kind-Gruppen aktiv werden, ihren eigenen Kommunikationsstil und ihre Themen in die Gruppen tragen. Das geht nicht gegen Mütter, im Gegenteil, mütterlicher und väterlicher Stil können sich bereichern. Für die Kinder ist es wichtig, beide auch im Zusammenspiel zu erfahren. Wer Eltern-Kind-Treffs anbietet, sollte darauf achten, Müttern wie Vätern gerecht zu werden.

Väter werden diskriminiert

Manche Väter berichten von alltäglichen Diskriminierungen durch Mütter. Berthold war mit seiner Tochter auf dem Spielplatz. Sie versuchte sich an der Rutsche, er hatte sich auf eine Bank gesetzt und die Zeitung ausgepackt. Da landete sie etwas unsanft auf dem Boden. «Sofort sprang eine Mutter auf sie zu und tröstete sie. Ich stand etwas bedröppelt daneben. Die Frau sagte: ‹Wein doch nicht, die Mama kommt ja gleich!›, und mich sah sie erbost an ‹Was wollen Sie denn hier?› Glücklicherweise akzeptierte mich meine Tochter, sonst wäre ich vielleicht noch als potenzieller Kinderschänder beschimpft worden.»

Jan stand mit seinem Kind an der Wursttheke im Supermarkt. Natürlich bekam das Kleine eine Scheibe Mortadella. Die Verkäuferin schaute sich um und fragte: «Wo ist denn deine Mama?», obwohl Jan neben ihr stand. Offenbar gibt es immer noch viele Frauen, die sich nicht vorstellen können und wollen, dass Väter sich aktiv an der Erziehung ihrer Kinder beteiligen.

Paar und Familie

Zu den häufigsten Auseinandersetzungen, wenn aus dem Paar eine Familie geworden ist, gehören die Themen «Haushalt», «Raum und Zeit» und «Erziehungsstile». «Eines Abends kam ich nach Hause und wollte meine Jacke aufhängen», erzählte Walter, «aber es war kein Bügel frei. Also suchte ich, und mir fiel auf, dass in allen Schränken Klamotten von meiner Partnerin und vom Kind lagen, aber nur wenig von mir. Im Bad sah es genauso aus. Tiegel und Fläschchen mit Kosmetika und Tinkturen für die zarte Haut von Frau und Baby. Ich musste einiges beiseite räumen, um Platz für meinen Rasierpinsel zu finden.» Solche Entwicklungen geschehen nicht von heute auf morgen, und selbstverständlich muss es Platz für die Utensilien des Kindes geben.

Walter war sauer. «Ich hatte den Eindruck, an die Wand gedrängt zu werden.» Die Auseinandersetzung mit seiner Partnerin war heftig. «Sie warf mir vor, ich hätte kein Verständnis für die Situation, sie wäre immer allein mit dem Kind und ihr Frust über ihre Überlastung kam raus.» In solchen Auseinandersetzungen, besonders in Belastungssituationen, werden oft verschieden frustrierende Ereignisse und Situationen vermischt. Es kommt zu einer «Generalabrechnung». Dann ist es schwer, das aktuelle Thema zu bewältigen. Walter und seine Partnerin haben es geschafft, denn Walter konnte zuhören und ihr so das Gefühl geben, dass er ihre Belastung versteht. Am nächsten Tag haben sie die Winterkleidung in einen Sack gepackt und auf dem Speicher gelagert und so das aktuelle Problem gelöst.

Walter hat ein aktuelles Problem angesprochen und damit seiner Partnerin die Möglichkeit gegeben, auch ihrerseits Frust abzulassen. Bei der Raumfrage geschieht das selten. Viele Männer neigen dazu, sich aus der Wohnung zurückzuziehen, einen Hobbykeller oder ein Arbeitszimmer einzurichten, vernünftig begründet und kinderfrei. Ihren Raum innerhalb des Bereiches, in dem sich das Familienleben hauptsächlich abspielt, behaupten sie nicht, gehen der Auseinandersetzung mit der Partnerin aus dem Weg. Auch für die Kinder sind sie in deren Alltag nicht präsent. Was Vater tut und wie er es tut, ist so schwer nachzuvollziehen. Daher kann ich Väter nur dazu ermuntern, ihren Raum in der Wohnung zu behaupten.

Mehr Hausarbeit – nur für die Frau?

Verschiedene Untersuchungen belegen, dass Männer nach der Geburt des Kindes weniger Hausarbeit verrichten als vorher, obwohl die Menge der zu erledigenden Arbeiten gestiegen ist und sie sich selber als partnerschaftliche Männer sehen (Matzner 1998, S. 12 ff.). Männer erledigen eher «saubere» Tätigkeiten außerhalb der Wohnung, wie Gartenarbeit oder Einkäufe, delegieren «schmutzige» Arbeiten, wie Wäsche waschen oder Geschirr spülen, eher an Frauen (Volz 1999, S. 125 ff.). Bündnis 90 – «Die Grünen» wollen daher sogar die Mitverantwortung des Ehemannes für die Haushaltsführung im Bürgerlichen Gesetzbuch verankert wissen.

In der Tat fordern viele Frauen mehr alltägliches Haushaltsengagement von Männern. Wie das konkret aussieht, muss das Paar verhandeln. Theoretisch wäre eine 50/50 Prozentaufteilung gerecht. Praktisch ist das bei der heutigen Arbeitsteilung kaum durchzusetzen. Es wäre ungerecht, vom allein verdienenden Vater nach mehr als zehn Stunden arbeitsbedingter Abwesenheit von zu Hause zu verlangen, genauso häufig zu bügeln und zu putzen wie die Hausfrau, die ihren Alltag in der Wohnung verbringt.

Gerald kommt normalerweise gegen 17 Uhr nach Hause, oft geht er auf dem Heimweg noch zum Supermarkt. «Dann dusche ich und brauche eine halbe Stunde Pause. Dann spiele ich mit dem Kind oder wir machen einen Spaziergang. Wickeln, Abendessen, noch mal spielen und ab ins Bett. Das ist oft erst gegen 21 Uhr. Danach hänge ich vielleicht noch Wäsche auf, aber oft will meine Frau lieber mit mir reden oder fernsehen und macht das am nächsten Tag.»

Jan übernimmt die «Morgenschicht» mit seinem Kind. Nach dem ersten Stillen beschäftigt er sich mit dem Kleinen, wickelt ihn, bringt seiner Partnerin das Frühstück, bevor er zur Arbeit fährt. «Wir hatten auch schon Streit darüber, wer was und wie viel im Haushalt macht. Klar, sie ist den ganzen Tag zu Hause und hat daher den Eindruck, alles würde an ihr hängen bleiben. Wir haben dann Strichliste geführt, dabei kam heraus, dass ich sogar häufiger abwasche und Staub sauge als sie. Das hat sie sehr überrascht.»

Gerade weil immer noch die Meinung herrscht, Frauen seien eher für den Haushalt zuständig und Männer würden ihn eher vernachlässigen, ist es wichtig, sich über die konkreten Tätigkeiten auszutauschen. Wer nicht weiß, was der andere tut, wird ihn eher mit dem gesellschaftlichen Bild identifizieren. Strichlisten sind sicher keine Dauerlösung, aber es ist gut, sich selbst und der Partnerin zu versichern, was man heute im Haushalt oder für die Familie getan hat. Das hilft auch gegen den Eindruck, den ganzen Tag nichts geschafft zu haben, denn Geschirr in den Schrank räumen, einkaufen, Wäsche abnehmen und das Kind in den Schlaf wiegen sind wichtige Basistätigkeiten. Im Zweifelsfall ist die Zeit für das Paar am Abend und das gemeinsame Gespräch wichtiger als ein Korb ungewaschener Wäsche.

Väter – aus der Familie gedrängt?

Wenn seine Frau nicht sieht oder nicht gesagt bekommt, was ihr Mann für Haushalt und Familie tut, wird sie ihn nicht ausreichend wertschätzen. Unterschiedliche Erziehungsstile von Mann und Frau können ebenfalls zu einer Abwertung des Vaters durch die Mutter beitragen.

«Ich bin nicht sofort gesprungen, wenn das Kleine mal gequäkt hat», sagt Dietmar. «Länger als fünf Minuten hat das nie gedauert. Kinder müssen auch die Chance haben, sich selbst zu beruhigen. Meine Partnerin rannte gleich zum Bettchen, nahm ihn heraus und bedachte mich mit vorwurfsvollen Blicken. Als uns Freunde besuchten, meinte sie, ich sei ein schlechter Vater, denn ich würde das Kind ja immer schreien lassen. Das habe ich nicht auf mir sitzen lassen und wir haben uns richtig gefetzt.»

Der Streit führte zu einer grundsätzlichen Auseinandersetzung über Erziehungsfragen. Sie beobachteten ihr Verhalten mit dem Kind gegenseitig und gaben sich Rückmeldung. Ganz traditionell hatte es sich eingespielt, dass Dietmar eher für die körperliche, wildere Seite und das Grenzen-Setzen zuständig war, seine Partnerin eher für die versorgende, sanfte, behütende Seite. «Eigentlich passt das gut zusammen», meint Dietmar. «Das Kind bekommt alles, was es braucht, aber nicht alles von der gleichen Person.» Durch Beobachtung und Rückmeldung lernten sie, sich selbst und den anderen in seiner Art mit dem Kind zu akzeptieren, erkannten, dass sie sich ergänzten und sich niemand in seiner Art des Umgangs mit dem Kind zu verbiegen brauchte.

Hugo fühlte sich nach einer Weile aus dem Umgang mit dem Kind herausgedrängt. Zunächst schob er es auf seine unregelmäßigen Arbeitszeiten als Musiker. Aber jedes Mal, wenn er etwas mit dem Kind machen wollte, sei es wickeln, zu Bett bringen oder spielen, war seine Partnerin schon dabei. Er übernahm dafür mehr Arbeit im Haushalt. Einmal schaute ihn das Kind ganz erschreckt an, als es auf dem Arm der Mutter war und er mit ihm Späßchen machte. Da hatte er den Eindruck, dem Kind fremd zu sein. Im Gespräch sagte die Mutter, sie würde eben schneller auf das Kind reagieren, würde es besser kennen, durch das Stillen sei sie näher dran. Auf Nachfrage sagte sie, sie würde das Zusammensein mit dem Kind sehr genießen, das Stillen habe auch eine erotische Komponente, durch das Kind würde sie erfahren, dass sie gebraucht werde, sie habe dadurch einen Lebenssinn gefunden. Auf Hugos Eindruck, sie würde ihm das Kind entfremden, reagierte sie zunächst erschrocken, aber auch befriedigt. Das Kind braucht die Mutter eben mehr als den Vater.

Der symbiotische Kokon, in den sich Mutter und Kind oft einspinnen, gibt beiden eine tiefe, exklusive Nähe. «Wenn das Kleine gesaugt hat, diese tiefe Zufriedenheit in den Augen, das kann ich ihm nicht geben», sagt Hugo. Hier ziehen sich viele Männer zurück. Warum sollten sie auch in diese tiefe Verbundenheit eindringen, den beiden etwas nehmen? Der Frust, als Vater nicht gebraucht zu werden, bleibt.

Hugo hat sich nicht zurückgezogen, sondern seine Partnerin mit ihrem Verhalten konfrontiert. Beiden war klar, dass die Zukunft ihrer Familie auf der Kippe stand. Sie entschieden sich, zusammenzubleiben. Sie kamen überein, dass Hugo das Morgenritual mit dem Kind übernehmen solle, waschen, wickeln, spielen, bis er zur Orchesterprobe muss. Das funktionierte gut, seine Partnerin freute sich über eine Stunde mehr Schlaf, nahm sich auch stärker als eigenständige Person wahr. Dass Hugo die Zeit mit seinem Kind genoss und das Kleine ihn morgens fröhlich anstrahlte, braucht kaum noch erwähnt zu werden. Die erste Zeit war schwierig, schließlich mussten sich alle umgewöhnen. Sie haben es geschafft, einen Weg aus der Mutter-Kind-Symbiose zu finden und den Wert des anderen für das Kind und die Familie zu erkennen und zu bejahen.

Zeit für das Paar einplanen

Pufferzeiten, in denen man noch ein wenig herumtrödelt, sich durch die Programme zappt oder einfach abhängt, sind rar mit einem Kind. Auch das erhöht den Stresspegel. Kaum ein Paar mit einem Neugeborenen klagt nicht über Zeitmangel, Zeit für sich selbst, Zeit für gemeinsame Unternehmungen der Partner. Jede kinderfreie Minute wird für das Erledigen wichtiger Dinge oder zum Schlafen genutzt. «Wann haben wir noch Zeit für uns?», klagen meist die Frauen. Wichtige Bedürfnisse bleiben unbefriedigt. Über einen längeren Zeitraum kann das zu heftigen Vorwürfen und zum Ende der Partnerschaft führen. Planen Sie, wenn es nicht anders geht, gemeinsame Zeit im Kalender ein. Ihre Partnerin will wissen, dass sie Ihnen nicht gleichgültig geworden ist!

Aus der Sicht von Frauen sollten Männer vor allem lernen, ihnen zuzuhören. Das ist eine Grundaussage aller marktgängigen Beziehungsbücher. Wem nicht zugehört wird, der fühlt sich nicht ernst genommen, nicht anerkannt, nicht wertgeschätzt. Darauf weist ein Spruch hin, der in der Küche meiner Großeltern hing: «Heute schon die Köchin gelobt?» Daher mein Tipp für alle Arbeitsheimkehrer: Nach der wohlverdienten Pause erkundigen Sie sich nach dem Tag der Frau. Nehmen Sie sich Zeit dafür. Sie bekommen wichtige Informationen über den derzeitigen Stand Ihrer Beziehung und über die Entwicklung des Kindes. Die Frau spürt Ihr Interesse an ihr und ihrem Tagesablauf. Wenn sie stöhnt und Probleme anspricht, setzen Sie nicht gleich, wie John Gray sagt, die Heimwerkermütze auf (vgl. Gray 1993, S. 30 ff.). Von der lösungsorientierten Sichtweise von Männern fühlen Frauen sich schnell bevormundet, so als ob sie selbst zu keiner Lösung ihres Problems kommen könnten. Sie wollen es sich eben erst einmal von der Seele reden und über das Gespräch zu einer eigenen Einschätzung kommen. Das heißt nicht, dass Ihre Meinung und Ihre Vorschläge nicht gefragt sind. Aber geben Sie Ihrer Partnerin erst Gelegenheit, ihre Seite darzustellen. Sie hat sich eine Menge Gedanken gemacht, auch über Erziehungsfragen. Zeit für das Paar kommt der Familie zugute. Gönnen Sie sich ausreichend davon, möglichst jeden Tag.

Männer hingegen nervt es, wenn die Frau sie nicht in Ruhe lassen kann. «Was ist denn mit dir? Ich sehe doch, dass etwas mit dir ist. Nun sag doch mal!», und Ähnliches bewirkt meist nur ärgerliche Abwendung. Die meisten Männer empfinden das als unerwünschtes Eindringen in ihre persönliche Sphäre. Sie brauchen Zeit für sich, zum Nachdenken, um Gespräche und Gefühle in sich wirken zu lassen. Sie ziehen sich dann, wie John Gray sagt, in ihre Höhle zurück (ebd.) – real wohl eher das Arbeitszimmer. Es ist gut, wenn die Partnerin das Vertrauen hat, dass er auf ein angesprochenes Problem schon zurückkommen wird. Nötigenfalls hilft es, sich für ein weiteres Gespräch zu verabreden.

«Freude» ist das Erste, was Janosch einfällt, wenn ich ihn nach dem Kontakt zu seinem Kind frage. «Ich komme nach Hause, nehme sie auf den Arm, sie lacht und schmiegt sich an mich. Da bin ich völlig gerührt. Oder, wenn ich mit ihr herumschmuse, sie durchknuddele, meine Nase an ihrer reibe. Dann lacht sie, kräht vor Freude, die geht durch den ganzen Körper. Ich freue mich auch, wiege mich hin und her, fühle mich geliebt und körperlich viel besser drauf.»

Hugo ist begeistert von den Tönen seines Kleinen. «Das klingt manchmal wie ein Seehund. Er probiert aus, was er alles mit der Stimme machen kann und wie wir darauf reagieren. Diese Entwicklung mitzubekommen, ist schon toll.»

Für Walter ist es ganz allgemein die Entwicklung des Kindes. «Wie er wächst, anfängt zu greifen oder zu krabbeln und dann den ersten Schritt macht. Als ich mir die ersten Fotos von ihm angeschaut habe, konnte ich gar nicht glauben, dass er mal so klein war.»

Väter können eine eigenständige Beziehung zum Kind am besten über positive gemeinsame Erlebnisse aufbauen. Das braucht auch etwas Mut. «Zuerst habe ich mich nicht getraut, ihn richtig anzufassen», sagt Gerald. «Der war so klein und zart. Ich hatte Angst, ich könnte ihm mit meinen großen Händen weh tun.» Natürlich wusste er, dass dem nicht so ist. Aber die Hemmung war da. «Dadurch hat dann meine Frau anfangs mehr mit ihm gemacht und mehr von ihm gehabt. Ich kam mir ziemlich verloren vor, wusste nicht, was ich mit ihm anfangen sollte.» Er hat seiner Frau von Anfang an mehr Kompetenz im Umgang mit dem Kind zugebilligt. «Irgendwie dachte ich, die weiß besser, was sie macht und wie das geht.»

Mädchen werden eher zum Spiel mit Puppen angeleitet als Jungen, sie werden hinzugeholt, wenn die Tante ihr Baby wickelt und sehen überall, dass Frauen die Versorgung der Kinder übernehmen und wie sie es tun. Daher haben sie einen selbstverständlicheren Umgang mit Kindern. Jungen haben hier Sozialisationsdefizite, die sich bemerkbar machen, wenn der Sohn zum Vater wird.

«Auf dem Boden liegen, mit ihm krabbeln, Spaß haben, lachen, wenn er lacht, mich freuen, wenn er die Rassel hält oder den Ball rollt», das waren für Jan grundlegende Erlebnisse. Ein guter Kontakt zum Kind entwickelt sich nicht, wenn man das Kind auf dem Arm hält, wenn es schreit und wenn man sich ihm nur zwecks Beruhigung zuwendet. «Ich wollte von Anfang an etwas Eigenes mit ihm haben», sagt Jan, «gerade auch unabhängig von der Mutter.»

Das ist eine Aufgabe für das Paar. Niemand will ein Kind, dem es gut geht, von der Mutter reißen. Auch will niemand, wenn er gerade nach Hause kommt, ein schreiendes Kind in die Hand gedrückt bekommen und nur zur Beruhigung seines Zorns da sein. Sprechen Sie mit Ihrer Partnerin darüber. Nehmen Sie sich zwischen den Stillzeiten zwei Stunden mit dem Kind. Sie wird dankbar dafür sein, auch wenn sie erst einmal überzeugt werden muss. Sie zeigen damit Ihr Interesse am Kind und Ihre Liebe, Sie zeigen, dass Sie etwas mit dem Kind wollen, nicht nur warten, bis es Ihnen von einer genervten Frau in die Hand gedrückt wird. Übernehmen Sie am Wochenende das Wickeln ganz, überlegen Sie, welche schönen Aktivitäten Sie gerne mit dem Kind machen wollen. Eine gute Möglichkeit ist die Babymassage.

Anregung : *Babymassage*

Seit den 70er Jahren ist Massage für Babys in Deutschland «in» und wird in Eltern-Kind-Kursen häufig als Thema gewünscht. «Wieso lernt ihr das eigentlich? Das kann man doch», äußerte eine iranische Mutter in einem Kurs ihr Unverständnis. In orientalischen Kulturen wird traditionell Massage für Babys Frauen sehr früh vermittelt. Frédérick Leboyer (vgl. Leboyer 1987) machte die indische Tradition in Europa bekannt. Seine Massagetechnik orientiert sich am System der Meridiane, der Energiebahnen, die durch den Körper fließen. Ein Grundsatz: Striche über den Körper werden von innen nach außen ausgeführt und von oben nach unten. Die schwedischen Massagetechniken arbeiten kreislaufunterstützend von außen nach innen. Babymassage ist Entspannung für Körper und Seele, für Papa und Kind. Sie kann die Bindung zum Kind stärken und so helfen, die Beziehung zwischen Vater und Kind befriedigender zu gestalten. Vimala

Schneider bezeichnet sie in Hinsicht auf die Unterstützung des Bindungsvorgangs zwischen Vater und Kind sogar als gleichwertig mit dem Stillen für die Beziehung zwischen Mutter und Kind (vgl. Schneider 1994).

Für Massage brauchen Sie Zeit und Ruhe, auch innere Ruhe. Wenn Sie in einer halben Stunde einen Termin haben, sollten Sie die Massage lieber verschieben. Stellen Sie das Telefon leise, legen Sie, wenn Sie wollen, ruhige Musik auf – viele Kinder lieben Mozart. Recken und strecken Sie sich, nehmen Sie ein paar ruhige Atemzüge, stellen Sie sich auf sich und das Kind ein. Der Raum sollte gut geheizt sein, damit Ihr Baby ohne Windel und Strampelanzug nicht friert. Eine Rotlichtlampe oder ein Heizstrahler leisten gute Dienste. Wenn sich Arme und Beine kühl anfühlen oder die Haut leicht marmorierte Verfärbungen zeigt, ist es zu kalt; dann sollten Sie das Kind wieder anziehen und später einen neuen Anlauf unternehmen. Als Massageöl eignet sich handelsübliches Olivenöl, wahrscheinlich steht eine Flasche in Ihrer Küche. Babyöle auf Erdölbasis sind wegen der Zusatzstoffe weniger zu empfehlen. Nehmen Sie so viel, dass Ihre Hand gut über die Haut des Kindes gleiten kann und nicht reibt.

Der Anfang

Zu Beginn empfiehlt sich ein wenig Gymnastik, das ist auch mit Kleidern möglich. Das Kind liegt auf dem Rücken. Fassen Sie seine Hände, nehmen Sie Kontakt auf. Dehnen Sie die Arme zu beiden Seiten und über Kreuz. Bewegen Sie den Arm diagonal Richtung Fuß, den Fuß Richtung Ohr (erst auf der einen, dann auf der anderen Seite). Überkreuzen Sie die Beine des Babys, dass es aussieht, als liege es in Meditationshaltung (Lotussitz). Wiederholen Sie die Gymnastik, so oft und so lange es Ihnen beiden Spaß macht.

Ansprache

Sprechen Sie mit Ihrem Kind. Auch wenn die Bewegung neu ist, erkennt es die vertraute Stimme. Sie können auch singen oder Späßchen treiben, Hauptsache, Sie bleiben in Kontakt. Währenddessen entkleiden Sie das Kind, nehmen seine Füße hoch, zeigen sie ihm. Reiben Sie

Ihre Hände, damit sie warm sind. Nehmen Sie nur wenig Massageöl. Legen Sie Ihre Hände auf die Brust des Kindes, streichen Sie über das Schlüsselbein zur Schulter hin aus. Legen Sie Ihre Hände auf die Hüfte, streichen Sie zur gegenüberliegenden Schulter, also quer, und bis zum Haaransatz im Nacken. Beginnen Sie von der Schulter zu den Handgelenken die Arme mit einer Drehbewegung beider Hände zu «melken». Der Griff kann durchaus fest sein. Streichen Sie danach die Arme von der Schulter zu den Fingerspitze aus.

Der Bauch

Um den Bauch zu massieren, legen Sie Ihre Hände etwas unterhalb des Bauchnabels und streichen quer über den Bauch zur gegenüberliegenden Seite nach unten. Sie können auch beide Hände benutzen, es entsteht eine angenehme Kreuzbewegung. Die Beine «melken» Sie wie die Arme von der Hüfte zu den Fußgelenken, danach streichen Sie die Beine aus bis zu den Zehenspitzen. Kneten Sie die Füße leicht, streichen Sie Fußsohlen und Fußrücken aus.

Der Rücken

Für die Rückenmassage drehen Sie das Baby auf den Bauch. Wenn Sie im Sitzen massieren, empfiehlt es sich, das Kind quer über die Beine zu legen. Streichen Sie mehrmals mit einer Hand oder mit beiden Händen vom Nacken bis zum Po. Legen Sie Ihre Hände nebeneinander auf den Nacken. Streichen Sie kräftig über den Rücken Richtung Po, indem Sie Ihre Hände gegenläufig quer über das Kind bewegen, die eine Hand «schiebt», während die andere «zieht». Danach wieder ausstreichen.

Der Kopf

Für die Kopfmassage drehen Sie das Kind wieder auf den Rücken. Streichen Sie die Stirn mit dem Daumen oder mit den Fingern von der Mitte zur Schläfe hin aus. Streichen Sie von der Stirn über die Nase und neben der Nase Richtung Mund. Streichen Sie die Mundwinkel entlang, als würden Sie dem Kind ein Lächeln ins Gesicht legen.

Ich habe ein *Ganzkörperkonzept* beschrieben. Selbstverständlich lassen sich immer wieder Teile daraus anwenden, beim Wickeln, nach dem Baden, wann immer Sie Lust haben. Massieren Sie nie unter Stress, auch nicht, wenn Sie glauben, das Kind brauche das jetzt. Dann kann keine Entspannung entstehen. Massieren Sie, solange es Ihnen und dem Kind Spaß macht. Vielleicht fängt es beim ersten Mal nach fünf Minuten an zu quengeln, mit etwas Übung macht die Massage ihm vielleicht bald eine Viertelstunde lang Spaß.

Was der Fachmann dazu sagt

Interview mit Thomas Scheskat, Psychotherapeut und Männerberater, 42 Jahre, verheiratet, Vater von zwei Kindern, Mitarbeiter des Göttinger Männerbüros

Welche Bedeutung haben Körperlichkeit und körperliche Nähe für Kinder?
Für Babys ist der direkte Körperkontakt wichtig. Sie erleben alles körperlich. Grundkategorien sind Halt, Geborgenheit, Wärme, Nahrung, Schutz, Trost – und auch Begrenzung und Orientierung.

Welche Unterschiede gibt es in der Wahrnehmung des Kindes, wie erfährt es Vater und Mutter?
Es gibt kulturell bedingte und durch die geschlechtsspezifische Arbeitsteilung bedingte Unterschiede, aber es gibt auch archetypische Unterschiede, die in fast allen Kulturen wirksam sind. In unserer Kultur befinden wir uns in einer Zeit großer Veränderungen. Der Körper des Vaters wird zunehmend erfahrbar für Kinder. Das war nicht immer so. Seit der Industrialisierung wurde der Körper des Mannes abgerichtet auf Disziplin und Arbeit, war verlängerter Arm der Maschine. Hinzu kommt die Ausrichtung auf Kampf und Krieg, der soldatische Männerkörper. Männer gaben sich der Arbeit und dem Kampf hin – bis zur Vernichtung.

Das Kind erfährt so den Vater als aus dem Haus abwesend, auch körperlich abwesend.
Die sinnliche Unzugänglichkeit von Vätern ist eine Erfahrung, die sich

durch unsere Generation noch hindurchzieht. Der Vater, der sich ruhebedürftig hinter der Zeitung verschanzt oder als verkörpertes Ordnungsprinzip unnahbar macht, sind hier Beispiele. Vielleicht können die Kinder der nach den 70er Jahren Geborenen später etwas anderes berichten.

Was sind wichtige Unterschiede in der Erfahrung des Kindes, wenn es von Papa oder Mama auf dem Arm gehalten wird?

Ich wünsche mir, dass die Unterschiede geringer werden als bisher, dass Väter mehr Körperkontakt zu ihren Kindern haben. Durch Schwangerschaft, Geburt und Stillen wird in der ersten Zeit der symbiotische Kontakt zur Mutter auch weiterhin sein. Männer kommen da von weiter her, das Kind hört und spürt ihn durch Bauch und Fruchtwasser. Männerkörper sind meist größer, muskulöser, haben eine andere Muskelspannung, der Bart kratzt, die Stimme ist tiefer. Männer haben schon dadurch eine andere Art herumzubalgen, zu spielen oder das Kind zu halten. Sobald die Kinder bewusst schauen und hören, sind die Eltern Vorbilder in ihrer Art, Körperlichkeit zu leben. Kinder imitieren die Körperhaltungen und Bewegungen der Eltern. Und sie sehen, wie Mutter und Vater sich begegnen, wie sie sich umarmen, zärtlich miteinander sind.

Für Jungen haben Väter eine andere Vorbildfunktion als für Mädchen.

Jungen identifizieren sich mit dem Vater, von ihm lernt er, wie ein Mann ist. Das lebt er auch über seine Bewegungen vor. Geht er z. B. wie John Wayne? Solche Bewegungsmuster übernehmen Jungen. Die Aussage, die in dem Muster und dem Körperhabitus steckt, übernehmen sie auch. Mädchen brauchen diese Identifikation nicht vom Vater. Sie machen nach, was der Vater tut, wie es getan wird, übernehmen sie eher von der Mutter. Sie müssen es nicht auf eine männliche Art tun. Mädchen wollen sich natürlich auch mit Männern auseinander setzen, sich an ihnen reiben, das lernen sie zuerst durch den Vater.

*Viele Männer haben – verursacht durch die Debatte über sexuellen Miss-
brauch – Ängste, mit ihren Kindern zu schmusen oder nackt zu sein. Wo sind
Grenzen, wo setzt die Schere im Kopf zu früh an?*

Ich kann Männern nur empfehlen, sich darüber mit anderen Männern
und Frauen, vor allem mit der Mutter, auszutauschen und Standpunkte zu finden. Die Grenze ist da, wo Väter Kinder sexuell stimulieren oder sich von ihrem Kind stimulieren lassen. Bekommt der Vater,
z. B. beim Bad mit dem Kind, eine Erektion, sollte er eine klare Grenze
setzen. Manche Kinder gehen da mit ihrer Neugier über ihre eigenen
Grenzen, wollen berühren und stimulieren, da muss der Vater die
Grenze ziehen. Eine Erektion gehört in die Beziehung der Eltern, ist
eine private Sache zwischen Mann und Frau, keine öffentliche Veran-
staltung. Nacktheit ist normal, hilft Kindern, ungezwungen mit ihrem
Körper umzugehen. Dazu gehört das Anschauen der Eltern und ihrer
Geschlechtsorgane. Die sexuelle Stimulation ist ein Beziehungsakt,
der nicht zum Kind gehört.

Was sind Ihre Tipps für Väter?

Väter sollten je nach ihrer Neigung und ihrem Spaß mit ihren Kindern
körperlich toben, tollen, spielen und schmusen und zärtlich sein. Das
fängt auf dem Wickeltisch an, es können akrobatische Spiele im
Schwimmbecken sein, sich gemeinsam auf dem dicken Teppich im
Wohnzimmer herumwälzen oder auch Kampfspiele mit Festhalten und
Kitzeln. Und natürlich lieben Kinder Massagen von großen Vaterhän-
den.

Vaters Sohn

Kinder brauchen Väter! Als erste entscheidende Phase für die Entwicklung der Vater-Kind-Beziehung bezeichnet die Psychoanalyse heute
(vgl. Petri 1999, S. 30 ff.) die Zeit zwischen erstem und drittem Lebensjahr, die so genannte Triangulierungsphase. In dieser Zeit löst sich das
Kind aus der Symbiose mit der Mutter, ein angstbesetzter und schmerz-
hafter Prozess. Das Kind schwankt zwischen dem unbedingten Willen

zur Autonomie und dem Wunsch nach Rückkehr in den Zustand paradiesischer Einheit mit der Mutter. Es erlebt die Mutter in seinen Projektionen einerseits als festhaltend, andererseits als wegstoßend. Ein wahrhaft existentielles Drama!

Mutter und Kind brauchen einen präsenten Vater. Er schützt das Kind vor schweren Verlassensängsten und hilft die Symbiosewünsche mit der Mutter aufzugeben. Das Kind kann so die Mutter realitätsgerechter wahrnehmen und als positives Objekt verinnerlichen. Das Kind hat zwei voneinander getrennte Liebesobjekte, hat ein weibliches und ein männliches Identifikationsobjekt. Dies ermöglicht einen entscheidenden Reifesprung, das Kind kann weibliche und männliche Anteile integrieren und ein ganzheitliches Selbstbild aufbauen.

Auch die Beziehung der Eltern untereinander spielt eine wichtige Rolle. Die Mutter kann das Kind eher in seinen Autonomiewünschen unterstützen und freigeben, wenn sie sich vom Vater geliebt und bestätigt fühlt. Der Vater kann dem Kind umso besser ausreichende Sicherheit bieten, je mehr er sich von der Mutter in seinem väterlichen Engagement akzeptiert und erwünscht fühlt.

Der Vater als Geschlechtsrollenvorbild

Für Söhne wie für Töchter ist die Beziehung zum Vater gleich wichtig, weist jedoch einige für die Entwicklung des Kindes grundlegende Unterschiede auf. Jungen müssen sich, um eine positive Geschlechtsidentität zu entwickeln, mit dem Vater identifizieren. Das braucht väterliche Präsenz und väterliches Vorbild. Von Frauen können Jungen vieles lernen, von der Autoreparatur bis zur Säuglingspflege. Frauen vermitteln dies Jungen aber immer als Gegenüber, als Angehörige des anderen Geschlechts. Sie zeigen den Jungen, wie es ist, wenn eine Frau diese Dinge tut und wofür Frauen zuständig sind. Sie können den Jungen nicht vermitteln, welchen Wert all das in der Welt der Männer hat. Das kann nur ein Mann.

Vom Vater schaut sich der Sohn ab, wie ein Mann geht und steht. In meinem Arbeitszimmer hängt ein Bild aus den 60er Jahren: Großvater, etwa 60 Jahre, Vater, etwa 30 Jahre und Sohn, etwa drei Jahre, fotografiert beim Sonntagsspaziergang. Alle drei neigen den Oberkörper

vor und halten die Hände hinter dem Rücken verschränkt. So übernehmen Söhne von ihren Vätern grundsätzlich Haltungen und Lebens-
einstellungen. Unsere Väter haben das soldatische «Bauch rein – Brust
raus» nicht erst beim Militär eingeprügelt bekommen.

Hier wird der Vorbildcharakter deutlich: Sieht ein Junge, dass der
Mann nicht nur abends müde und kaputt von der Arbeit nach Hause
kommt, sondern sich um Haushalt, Kinder und die Beziehung zu seiner
Frau kümmert, lernt er, dass das kein Weiberkram ist, sondern Män-
nersache. Hier muss Mutter natürlich mitspielen. Putzt sie ständig
hinter ihrem Sohn her, lernt er, dass Frauen für Männer den Dreck
wegmachen. Eltern müssen sich diesbezüglich über ihre Erziehungs-
konzepte einigen.

Jungen sind bis zum Eintritt ins Gymnasium vor allen von Frauen umgeben: Erzieherinnen, Grundschullehrerinnen, die eigene und andere
Mütter. Um ihre Geschlechtsidentität gegenüber dieser weiblichen
Übermacht zu beweisen, müssen sie sich desidentifizieren. Praktisch
heißt das, ständiges Abgrenzen, ständig ein anderes Verhalten zeigen als
Mädchen und Frauen. Wenn ihnen kein Mann hilft, sich positiv mit
dem eigenen Geschlecht zu identifizieren, bleiben sie in der Dauerab-
grenzung und Dauerabwertung alles Weiblichen und Kindlichen stecken. Indem sie Männer nicht in die Erziehung und Betreuung von
Kleinkindern einbindet, produziert diese Gesellschaft immer wieder
Frauenfeindlichkeit.

Eine harmonische Beziehung der Eltern hat positive Wirkung. Dienen
Väter als positive Modelle für Erfolg, Ehrgeiz, soziale Anpassung und
zwischenmenschliche Beziehungen, zeigen Söhne hohe Werte bei der
Messung von Verantwortungsgefühl und Erfolg, niedrige bei Aggression. Ist die Elternbeziehung schlecht und der Vater schwach, neuro-
tisch oder beteiligt sich nicht an der Erziehung, tendieren Söhne zur
Hypermaskulinität als Kompensation, gekennzeichnet durch Unter-
würfigkeit, mangelndes Selbstwertgefühl und Verletzbarkeit, und sie
zeigen deutlich höhere Aggressionswerte (vgl. Fthenakis 1988,
S. 290 ff.).

Es ist jedoch falsch, jede negative Entwicklung der Kinder den Eltern
anzulasten. Mit steigendem Alter wollen und sollen sie sich abnabeln

und auf eigenen Füßen stehen. Die Gruppe der Gleichaltrigen, der Jungs und Mädchen im Wohnviertel und auf dem Schulhof, wird immer wichtiger. Ihre moralischen Werte können sich, gerade was althergebrachte Muster von Männlichkeit, Aggressivität und Gewaltbereitschaft angeht, sehr von denen der Familie unterscheiden. In einer Konfliktsituation mag ein Junge, wenn die anderen aus der Klasse dabei sind, zuschlagen, selbst wenn er zu Hause andere Verhaltensweisen gelernt hat. Welches Verhalten er weiterhin wählt, hängt von seinen Werten, seiner Selbstsicherheit und vom Erfolg dieser Art von Aggression in der Gesellschaft ab.

Vaters Tochter

Auch Mädchen brauchen einen Vater. Er ist der erste Mann im Leben einer Frau. Er ist das Modell Mann, das Modell für Männlichkeit, für die andere Seite, für das Nicht-Weibliche. Mit ihm lernt das Mädchen, wie Männer ihr Leben gestalten, was in deren Welt wichtig ist, lernt andere Werte und Bewertungen kennen als die der Mutter. Es lernt einen Körper kennen, der größer und muskulöser ist, sich anders anfasst und sich anders bewegt. Mit Vater lernt sie, wie Männer Zuwendung geben und wofür.

Väterliche Präsenz im Alltag ist für Töchter wichtig. Wie soll die Tochter soziale Fähigkeiten im Umgang mit Männern lernen, wenn der Vater nicht da ist? Wie soll sie das Selbstvertrauen erwerben, gute und befriedigende Beziehungen zu Männern aufzubauen, wenn das alltägliche Lernfeld Vater fehlt? Vaterlos aufgewachsene Frauen haben häufig Schwierigkeiten, den Umgang mit Männern ungezwungen zu gestalten. Das gilt insbesondere für die Partnerwahl und das Leben in dauerhaften heterosexuellen Beziehungen (vgl. Fthenakis 1988, S. 352 ff.).

Die Unternehmungen des Vaters mit der Tochter haben großen Einfluss auf das Erlernen der Geschlechtsrolle. Mit ihren Söhnen gehen viele Männer samstags ins Stadion zum Fußballspiel. Aber sie kämen nicht auf die Idee, diese Welt ihren Töchtern zu zeigen. Gleiches gilt für das Herzstück von Papas liebstem Kind – nicht viele Väter werfen mit ihrer Tochter einen Blick unter die Motorhaube ihres Autos. Vom Sohn erwarten sie ganz selbstverständlich, dass er ihr Interesse teilt. Hier können Väter in ihrem Alltagsverhalten viel tun, um alte Geschlechtsrollen aufzuweichen und der Tochter ihre Welt begreiflich machen.

Manche gut gemeinte Äußerung kann ganz entgegengesetzte Wirkung haben. Klettert die Tochter allein auf einen Baum und freut sich, freut sich Vater auch. «Klasse, dass du das kannst, kein Mädchen klettert so hoch.» Der Lerneffekt ist nicht, «Vater freut sich, wenn ich auf den Baum klettere!», sondern: «Mädchen klettern nicht auf Bäume!»

Grenzen, Orientierung, Rituale

«Guten Tag. Hier ist die Maschine von Susanne, Bernd und Saskia. Sprecht bitte nach dem Piep. Wir rufen dann zurück.» Saskia ist gerade vier Monate alt. Sie kann nicht sprechen, sie versteht die Sätze der Erwachsenen nicht und sie kann den Telefonhörer nicht in der Hand halten. Auf eine Nachricht nach dem Piep kann sie nicht reagieren. Dennoch tun ihre Eltern so, als sei es möglich, für sie eine Nachricht zu hinterlassen und als würde diese durch ihre Tochter auch beantwortet.

Eltern dokumentieren damit nach außen: Wir sind eine Familie. Unser Kind nimmt bei uns einen hohen Stellenwert ein. Das ist gut. Andererseits wird dem Kind ein Raum gegeben, den es in seinem Alter noch gar nicht füllen kann, ein Raum, den die Eltern füllen müssen.

Kevin hat zu viel Raum

Bei einem Besuch bei Beate, Christoph und Kevin – zwei Jahre – stolpert man nach dem Eintreten über den Bobby-Car. Aus dem Wohnzimmer dröhnen Lieder aus der «Sesamstraße». Eine Unterhaltung ist nur mit gehobener Lautstärke möglich. In der Küche liegen an mehreren Stellen angebissene Brotreste. Kevin wirft einen Ball durchs Zimmer und reagiert nicht auf das genervte «Lass das doch mal!» der

Mutter. Ob positive Ansprache oder Zurechtweisung: Das Kind steht immer im Mittelpunkt, eine Kontaktaufnahme des Besuchs zu den Eltern stört es immer wieder.

Kevin hat zu viel Raum. Er bestimmt das gesamte Familienleben, hat jedes Zimmer in Besitz genommen. Die Eltern haben keinen eigenen Raum mehr, ein kindfreies Zimmer gibt es nicht. Christoph stöhnt: «Ich habe hier keine Ruhe. Ich komme nicht mehr gerne nach Hause, immer Krach und Gewusel. Wenn er dann um halb elf abends endlich schläft, sind wir zu kaputt, um noch miteinander zu reden. Dann wird das Nötigste im Haushalt erledigt und die Organisation des nächsten Tages geregelt.» Beate schimpft: «Christoph tut hier viel zu wenig. Ich will auch mal was für mich machen, habe aber immer das Kind am Bein. Lange halte ich das nicht mehr aus.»

Nur noch Eltern

Beate und Christoph sind nicht mehr als Paar zu erkennen, nur noch als Eltern. Beide leiden darunter, haben sich das Leben mit Kind anders vorgestellt, es kommt zu Vorwürfen und ersten Andeutungen von Trennungsabsichten. Auch für Kevin sind sie nicht als Paar oder als eigenständige erwachsene Personen erkennbar. Christoph: «Ich wollte immer anders sein als mein Vater. Der hat nie mit mir geredet. Er hat immer seine Autorität herausgekehrt. In der Jugendzeit war das ganz schlimm: ‹Solange du die Füße unter meinen Tisch stellst …›, war sein Lieblingsspruch. Ich will für meinen Sohn lieber Freund sein, etwas mit ihm unternehmen und auf ihn eingehen.»

Christoph kämpft gegen die auf Macht und Überlegenheit der Erwachsenen gebaute Autorität, die in der pädagogischen Aufbruchstimmung nach 1968 vom Sockel gestoßen wurde, gegen ein Vaterbild, das seine Rolle in der Durchsetzung eigener Ansprüche und Lebensvorstellungen sieht und zu einer akzeptierenden Kommunikation mit den Kindern nicht in der Lage ist. Daher will er lieber Freund sein als Vater. Eine Rechnung, die nicht aufgehen kann. Freunde sind häufig in etwa gleichaltrig, in der Regel gleichrangig, leben in einer ähnlichen Situation oder haben ähnliche Interessenschwerpunkte. Eltern hingegen haben die Aufgabe, Kinder materiell und emotional zu versorgen und ihnen Orientierung und Anregung auf ihrem Weg ins Leben zu geben. Das Verhältnis zwischen Eltern und Kindern ist immer asymmetrisch.

Beate hatte einen starken Kinderwunsch. Nach dem Ende des Studiums war sie nicht ins Referendariat übernommen worden. «Ich brauchte eine Aufgabe, wollte etwas wert sein. Christoph hatte gerade seine Stelle angefangen und kam oft erst spät nach Hause. So kam eins zum anderen.» Sie wollte eine Leere füllen, und das Kind gab Sinn und vermisste Nähe.

Dass neben der Freude aufs Kind bei beiden auch noch andere Bedürfnisse zur Schwangerschaft geführt haben, ist eine wichtige Erkenntnis, die sie im Paargespräch sich und ihrem Partner eingestehen konnten. Vorwürfe und Trennungsdrohungen werden mit der eigenen Überforderung erklärt und sind daher verständlich. Beide Eltern brauchen Entlastung und Kevin braucht Orientierung. Und: Die Eltern wollen zusammenbleiben und mehr Zeit miteinander verbringen.

Grenzen setzen

Kevin hat ein eigenes Zimmer. Dort war er nur zum Schlafen. Die Eltern beschlossen, sein Zimmer stärker als Spielzimmer zu nutzen. Damit konnte Kevin sein Zimmer wirklich als seinen Raum belegen und hielt sich gerne darin auf. Die anderen Zimmer waren nicht mehr von umherliegendem Spielgerät übersät. So lernte Kevin auch, sich mehr allein zu beschäftigen. Vater oder Mutter sagten ihm, in welchem Zimmer sie sich aufhielten und was sie gerade taten. So lernten die Eltern, mehr Raum für sich selbst zu beanspruchen und sich Kevin gegenüber abzugrenzen, nicht sofort zu kommen, wenn er rief, sondern erst noch Angefangenes zu beenden. Sie lernten, «Nein» zu sagen, ohne das Gefühl zu haben, ihren Sohn zu vernachlässigen. Altersangemessen verlangen sie von ihm, beim Aufräumen zu helfen und ein Brot aufzuessen, bevor ein anderes angebissen wird.

Nach einem Vierteljahr ist die Atmosphäre in der Wohnung völlig verändert. Die Eltern umarmen sich bei der Begrüßung, bringen ihren Sohn um acht ins Bett, lesen eine Geschichte vor und haben den Rest des Abends für Hausarbeiten und gemeinsame Gespräche. «Mein echtes, wirkliches ‹Nein› hat Kevin sehr verblüfft. Aber er akzeptierte es und unser Verhältnis ist viel entspannter. Wenn ich mit ihm spiele, bin ich wirklich da und nicht genervt, weil ich eigentlich Pause bräuchte und die Wohnung aufräumen müsste. Ich kann wieder genießen, mit ihm zusammen zu sein.»

Um eine Veränderung im familiären Umgang zu erreichen, müssen die Eltern an einem Strang ziehen und sich einig sein. Das setzt voraus, dass sie miteinander reden können und sich Zeit nehmen, unterschiedliche Ansichten zu äußern und Differenzen auszutragen, bevor sie in Aktion treten. Zum Erlernen der Orientierung braucht das Kind einen überschaubaren Rahmen, einen abgegrenzten Raum, innerhalb dessen es sich entwickeln kann. Für das Einhalten der Grenzen stehen die Eltern als fühlbare Personen. Sie sind damit persönlich erfahrbare Reibungspunkte für das Kind. Ebenso wichtig sind Orientierungshilfen in zeitlicher Hinsicht. Ein Zweijähriges kann höchstens die Zeit bis zum nächsten Tag überblicken – einmal schlafen. Ein geregelter Tagesablauf mit festen Orientierungspunkten und den entsprechenden Ritualen – hierzu gehört üblicherweise gemeinsames Essen, Mittagsschlaf, abendliches Zu-Bett-Bringen – kann ihm helfen, sich in Raum und Zeit zurechtzufinden, ohne sich verloren zu fühlen. Aufgabe der Eltern ist es, mit dem Kind gemeinsam diese Rituale zu gestalten und es dabei nicht allein zu lassen.

Schlaf für Vater und Kind

Die häufigste Antwort junger Väter in Eltern-Kind-Kursen auf die Frage «Wie geht es dir?», ist: «müde». Christoph: «Im ersten Jahr kam Kevin mindestens viermal die Nacht. Im ersten halben Jahr natürlich, weil er Hunger hatte und gestillt werden wollte. Hinzu kamen die Drei-Monats-Koliken. Er krümmte sich immer wieder zusammen, hatte Schmerzen, er wachte auf, weinte und konnte nicht wieder einschlafen. Entweder holten wir ihn ins Bett oder verbrachten Stunde um Stunde mit ihm auf dem Gymnastik-Ball.»

Das Resultat: Ringe unter den Augen, dauernde Müdigkeit, Energielosigkeit, Anfälligkeit für Stress und Krankheiten, erhöhte Reizbarkeit, Streit mit der Partnerin, nachlassende Arbeitsleistung und Ermahnungen des Chefs, Vergesslichkeit, nachlassende Orientierung in Alltagssituationen. Christoph schlief ein, sobald er sich irgendwo hinlegte.

«Ich kuschele mich gern ein vor dem Einschlafen. Wir liegen eng aneinander, und ich gleite wunderschön ins Land der Träume», sagt Christoph. «Außerdem wollte ich solidarisch sein mit meiner Partnerin, dachte, ich wäre ihr etwas schuldig, weil sie ja die Schwangerschaft ausgetragen hat und das Kind stillt und ich da nichts machen kann.» So hat er mehr ausgehalten als gut für ihn war.

Bernd ist mit 40 Jahren noch einmal Vater geworden. «Ich kannte das zwar alles, aber wie hoch die Belastung durch den Schlafmangel ist, hat mich doch erschreckt. Da merke ich, dass ich nicht mehr dreißig bin. Bei meinem ersten Kind hat mir das viel weniger ausgemacht.» Solidarität ist ein ehrbares Motiv, aber niemand hat etwas davon, wenn nicht nur die Mutter dauernd müde ist wegen des nächtlichen Stillens, sondern auch der Vater. Der hat dann auch weniger Energie, um Hausarbeit zu erledigen, weniger Freude, um sich nach Ende der Arbeitszeit mit dem Kind zu beschäftigen. Wenn noch die Arbeitsleistung nachlässt, muss er sogar um seinen Job fürchten und das kann der Familie die Existenzgrundlage nehmen.

Gerald, Kraftfahrer: «Wenn ich übermüdet in den Bus steige, gefährde ich die Fahrgäste. Das geht nicht.» Bernd, Lehrer: «Morgens um zehn vor acht muss ich fit sein. Wenn ich die Jungen und Mädchen nicht motivieren kann, steigt der Lärmpegel unerträglich und die Lernerfolge sinken. Das hat langfristige Auswirkungen für die ganze Klasse.» Chronische Übermüdung betrifft also nicht nur den Einzelnen und seine Familie. An der Arbeit kann Schlaf nicht nachgeholt werden.

Gerald hat sich, wenn er Frühschicht hatte, zum Schlafen aufs Sofa gelegt. Christoph verließ nach dem ersten Aufwachen das gemeinsame Schlafzimmer und hatte für den Rest der Nacht Ruhe. Geralds Partnerin gefiel das Arrangement, so hatte sie mehr Platz und wurde nicht geweckt, wenn er morgens aufstand. Christophs Partnerin grummelte, sah aber die vernünftigen Gründe ein.

Solche Arrangements gehören auf den Prüfstand, wenn das Kind abgestillt ist und nicht mehr wegen des Hungers nachts aufwacht. Denn warum sollte nicht auch Vater sich nachts um das schreiende Kind kümmern? Und wenn nach dem Ende des Erziehungsurlaubs die Frau wieder berufstätig ist, gilt das Argument «fit sein für die Arbeit» für beide. Kinder werden älter und die Fähigkeit zum Durchschlafen erhöht sich – außer in Krisenzeiten wie Krankheit und Umbruchssituationen wie Umzug, Urlaub, neue Kindergruppe.

Schlafen-Lernen

Schlafen will gelernt sein. Das klingt für Erwachsene merkwürdig, doch der Säugling muss erst eigene Rhythmen entwickeln, kann nicht zwischen Tag und Nacht, Traum und Wirklichkeit unterscheiden. Eltern können helfen, diesen Rhythmus zu finden und ihm den Schlaf zu erleichtern. Vielleicht ist das Baby mit Reizen überflutet und reagiert sich mit Schreien ab. Gut gemeinte Angebote wie Schuggeln, Hüpfen, Autofahren etc. überanstrengen es nur. Lassen Sie Ihr Kind auch mal in Ruhe! Mit etwa sechs Monaten können die meisten Kinder etwa elf Stunden durchschlafen.

Verschiedene Schlaf-Lernprogramme legen Wert auf immer gleiche Zeiten, Orte und Abläufe. So wird der Tag für das Kind überschaubarer und vorhersehbarer. Wichtig: Lassen Sie Ihr Kind nicht schreien. Das kann Verlassens- und Trennungsängste auslösen oder – wenn Sie nicht konsequent sind – zu der ungewollten Einsicht führen, es müsse nur lange genug schreien, dann komme schon jemand.

Tipps *zum Schlafenlernen*

- Hilfsmittel wie Schnuller oder Schuggeln auf dem Ball können Übergänge erleichtern, sollten aber nicht zur Dauergewohnheit werden.
- Eltern sollten sich mit intensivem Kontakt, z. B. einem Lied oder körper-

licher Zuwendung, vom Kind verabschieden. So nimmt es etwas Schönes in den Schlaf mit.

▪ Nachts nach den ersten Wochen nicht mehr wickeln! Nachteinlage verwenden. Sonst fällt es dem Kind schwer, sich an den Wechsel von Tag und Nacht zu gewöhnen.

▪ Vor der langen Nachtschlafphase sollte es etwa drei Stunden wach sein.

▪ Legen Sie es nicht sofort nach einer intensiven Spiel- und Tobephase ins Bett, es ist dann noch zu aufgedreht.

▪ Ist das Kind bisher an der Brust eingeschlafen, kann es nach dem Abstillen helfen, wenn der Vater den «Nachtdienst» übernimmt. Seine Brust assoziiert das Kind nicht mit «Milch».

▪ Sagen Sie sich und dem Kind: «Ich bin da, es ist alles gut, aber du musst jetzt lernen, allein zu schlafen.»

▪ Vielleicht schläft es tagsüber zu viel und wacht deshalb nachts auf. Gewöhnen Sie es an regelmäßige Zeiten für den Mittagsschlaf. Notfalls wecken Sie es nach 1½ Stunden, damit es nachts müde genug ist.

▪ Sind Sie sich unsicher, führen Sie ein «Schlafprotokoll», in das Sie Schlaf-Wach- und Schreizeiten eintragen. Besprechen Sie das Protokoll mit Ihrer Partnerin und Fachkräften (Kinderarzt oder -ärztin, Erziehungsberaterin, Hebamme).

▪ Manchmal wollen dem Kind trotz Müdigkeit einfach die Augen nicht zufallen. Ein sanfter Strich mit dem Finger über die Stirn zur Nasenspitze kann ihm helfen, Stirn und Augenpartie zu entspannen.

Was tun, wenn es schreit?

Jedes Kind schreit. Manches Kind schreit zehn Minuten am Tag, ein anderes vier Stunden. Manche Kinder schreien vor dem Zu-Bett-Gehen, andere nach dem Aufwachen oder gar beim Stillen. Schreien ist eine Lebensäußerung. Es ist die Art des Babys, mit angestauten, unbekannten Gefühlen umzugehen. Es muss alles im Leben neu erfahren, sei es Luft im Bauch oder eine Autohupe. Schreien baut den Stress ab.

Außerdem lernt das Kind seinen Stimmapparat einzusetzen, Töne zu produzieren, Emotionen auszudrücken. Es lernt die Reaktionen von Papa und Mama kennen. Es erkennt, dass das Hochziehen des Mundwinkels als Lächeln gedeutet wird und positive Reaktionen, Lächeln und freundliche Ansprache hervorruft. Beim Schreien lernt es, dass es bei einer bestimmten Art der Töne von Mama und Papa auf den Arm genommen und getröstet wird. Katharina Zimmer sieht Schreien vor allem als Bindungssignal. So macht das Kind über Entfernung auf sich aufmerksam, es will wissen, dass Mama oder Papa da sind (vgl. Zimmer 1997, S. 56 ff.).

Schreien bedeutet nicht immer, dass das Kind wütend, traurig oder hungrig ist. Aber irgendetwas bedeutet es. Was es ist, müssen Eltern lernen. Vieles machen Eltern instinktiv richtig. Kommen, das Kind ansprechen, Körperkontakt suchen, freundlich sprechen, es hochnehmen etc. Supereltern, die immer wissen, was ihr Kind gerade braucht, habe ich noch nicht kennen gelernt. Außerdem ändert sich mit den Erfahrungen des Kindes und seiner Reifung auch seine Art, Bedürfnisse zu äußern und zu schreien. Daher ist es hilfreich, wenn sich die Eltern über ihre Beobachtungen austauschen.

Die fünf wichtigsten Gründe für das Schreien eines gesunden Babys:

1. Das Kind hat Hunger. Manche Kinder entwickeln ein charakteristisches «Hungergeschrei», andere suchen mit dem Kopf die Brust, zappeln oder strecken den ganzen Körper. Ist Mamas Brust nicht erreichbar und wurde die Milch nicht abgepumpt, kann warmes Wasser oder warmer Kräutertee über eine gewisse Zeit hinweghelfen. Kleinen Babys können Sie Wasser oder Tee mit einem Löffel geben oder mit einer Plastikspritze in den Mund verabreichen (Vorsicht!).

2. Das Kind friert. Babys sind aus dem Körper 37 Grad Celsius gewohnt. Manche frieren sehr schnell. Die Haut fühlt sich kalt an, vor allem im Nacken. Manche Babys zittern mit der Unterlippe, andere mit dem ganzen Körper. Bei vielen laufen die Lippen blau an. Sie müssen dann nicht die Heizung in der ganzen Wohnung aufdrehen, es genügt in dem Zimmer, in dem sich das Kind aufhält. Oft reichen auch ein

Pullover oder eine warme Decke. Für eine Zeit kann man das Kind auch unter den Heizstrahler am Wickeltisch legen. Manchmal wirkt auch ein warmes Bad – 37 Grad! – Wunder.

3. Das Kind hat Anpassungsprobleme, die zu Bauchschmerzen führen – den so genannten Drei-Monats-Koliken. Manchmal hilft es, die Essgewohnheiten der Mutter und die Reaktionen des Babys zu beobachten. Es kann sein, dass Blähendes – wie Kohl, Hülsenfrüchte, frisches Brot – dem gestillten Kind zu schaffen machen. Direkt sind solche «Blähstoffe» in der Muttermilch nicht nachgewiesen. Viele Ärzte und Ärztinnen sagen allerdings, die Ernährung der Mutter habe keinen Einfluss. Manche Kinder brauchen bei Bauchschmerzen Körperkontakt, wollen getragen oder geschuggelt werden, anderen ist es zu eng. Manche Eltern föhnen den Bauch des Kindes, der warme Luftstrom hat entspannende Wirkung. Massagen fördern die Darmtätigkeit, direkt auf dem Bauch bitte nur ganz sanft und von oben nach unten! Weiterhin kann es helfen, das Becken des Babys leicht hin und her zu drehen. Jedes Beugen des Bauches fördert die Verdauung. Sie können z. B. die Knie des Kindes zu seinen Ohren hin bewegen – bitte langsam und ohne Druck.

4. Das Kind ist müde. Hier ist Anwesenheit gefragt, freundliche Ansprache, vielleicht Körperkontakt oder sanftes Schuggeln auf dem Gymnastikball. Weiteres im Abschnitt «Schlaf für Vater und Kind» (s. S. 107 ff.).

5. Das Kind will Kontakt. Vielleicht ist ihm langweilig, es braucht Anregung und Beschäftigung. Vielleicht hat es sich erschreckt und braucht Wärme und Zuneigung. Vielleicht ist die Umgebung zu unruhig (Musik, Fernseher, Straßenlärm, helles Licht etc.). Meist hilft ein direkter Kontakt, freundliche Ansprache oder ein Herausnehmen aus der Situation, in der es sich gerade befindet.

Noch mehr Tipps finden Sie in Bettina Salis' Buch: «Warum schreit mein Baby so?» (rororo 60827)

Es geht nicht darum, das Kind unbedingt zu beruhigen. Damit bereiten Sie sich selbst nur Stress. Außerdem übt es vielleicht gerade, seinen Stress oder seine Freude auszudrücken. Aber bemühen Sie sich herauszufinden, was die Ursache des Schreiens ist. So lernt das Kind Kommunikation, so lernt es, dass Papa da ist, wenn es ihn braucht.

Das Schreien nervt

Schreiende Kinder sind anstrengend. Schrille hohe Töne gehen durch Mark und Bein. Je kleiner das Baby, desto herzzerreißender hört und fühlt es sich an. Und umso schneller fühlen Sie sich als Versager, wenn es lange schreit. Aber was bedeutet «lange»? Schauen Sie auf die Uhr. Schreit es fünf Minuten am Stück? Die können Ihnen wie eine Stunde vorkommen. Wenn Sie den Eindruck haben, das Kind schreit sehr viel: Führen Sie ein «Schreiprotokoll». Um welche Uhrzeit, in welcher Situation – beim Einkaufen, beim Wickeln, vor dem Einschlafen etc. – und wie lange schreit es? Das hilft Ihnen, einen realistischen Blick auf die Situation zu werfen. Vielleicht entdecken Sie, dass Ihr Kind ein-einhalb Stunden pro Tag schreit. Das ist sicher nicht zu viel. Eine Regel und eine Norm gibt es nicht. Aber es gibt eine Schmerzgrenze. Wenn die erreicht ist, wird es Zeit, etwas zu tun. Über das Schreiprotokoll können Sie mögliche Muster entdecken und sich auf die Suche nach Ursachen begeben. Zunächst sollten Sie Ihre Beobachtungen mit Ihrer Partnerin teilen, dann auch mit anderen Eltern. In manchen Beratungsstellen gibt es «Schreisprechstunden» (vgl. Salis 2000). Hier können Sie wertvolle Hilfe bekommen, wie Sie selbst mit dem Schreien umgehen, ohne sich zu stark unter Stress zu setzen.
Dauerndes Schreien ruft Wut hervor. «Am liebsten hätte ich das Blag an die Wand geklatscht», sagt Walter. «Jeden Morgen vom Schreien geweckt werden, nachts auch noch, wenn ich heim komme Geschrei – das zerrt an den Nerven. Nach einer halben Stunde hätte ich es am liebsten aus dem Fenster geworfen!» Sie haben ein Recht auf Ihre Wut. Und auch darauf, sie auszudrücken. Aber nicht dem Kind gegenüber! Das kann Sie nicht verstehen und den Eindruck, den die Wut eines erwachsenen Mannes auf es macht, nicht verarbeiten. Sie haben gelernt, emotionale Spannungen eine Weile auszuhalten, Ihr Kind hat das noch vor sich. Wenn Ihre Partnerin das Kind übernehmen kann, gehen Sie in ein anderes Zimmer, schreien Sie, prügeln Sie auf eine Matratze ein.

Gehen Sie aus dem Haus, rennen Sie durch den Wald, springen Sie und stampfen Sie mit den Füßen. All das ist gut und baut den Stress ab, ohne dass Ihr Kind Schaden nimmt. Sprechen Sie mit Ihrer Partnerin, wie es ihr mit ihrer Wut auf das Kind geht – denn das Gefühl kennt sie auch. Sprechen Sie miteinander ab, was Sie tun, wenn einer von Ihnen wütend wird. Sonst bezieht Ihre Partnerin Ihren Ausbruch noch auf sich.

Viele Kinder beruhigen sich, wenn man sie umherträgt und sie Papas oder Mamas Stimme hören. Die meisten Eltern beginnen von sich aus, in der «Babysprache» mit dem Kind zu reden oder ihm Lieder vorzusingen. Sie werden nicht glauben, welches Repertoire an Kinderliedern, alten Schlagern oder Hits aus der Jugendzeit Sie noch im Kopf haben!

Jan: «Mit vier Monaten war der Kleine oft knörig. Es ging ihm nicht richtig schlecht, die Drei-Monats-Koliken waren vorbei, aber er fing oft an zu schreien. Einen Anlass konnte ich nicht erkennen.» Etwa mit vier Monaten machen Kinder einen deutlichen Entwicklungsschritt. Sie verlieren den Greifreflex und lernen, bewusst nach Gegenständen zu greifen. Sie nehmen die Eltern und die Umwelt mit anderen Augen wahr. Was da tatsächlich passiert und wie es sich anfühlt, können wir nur schwer begreifen. Es ist, als müssten sie ihre Welt neu entdecken. Sicherheiten und Gewohnheiten gehen verloren, aber Neues macht auch Spaß, ist interessant und bietet Abenteuer. Selbstverständlich muss auch die Kinderseele damit fertig werden – ein wichtiger Grund für Zeiten des Grummelns und Geschreis.

Jan hat sein Kleines sehr oft durch die Wohnung getragen und ihm vorgesungen, «egal, ob es sich um die Beatles oder die Sesamstraße handelte.» Er hat auch Musik aufgelegt, natürlich nicht zu laut. «Ob Mozart oder Stones war ihm gleich. Nur heavy metal mochte er nicht.» Am meisten Spaß machte es beiden, zu afrikanischer Trommelmusik im Zimmer zu tanzen und zu springen. Hier konnte Jan sein Hobby mit der Kinderbetreuung verbinden.

Die einzige Pflegetätigkeit, die Väter häufiger als Mütter verrichten, ist das Tragen der Kinder (vgl. Matzner 1998, S. 47). Vielleicht aus einem traditionellen Verständnis, dass Frauen solche schweren Lasten nicht gut tragen können, vielleicht aus Rücksichtnahme auf die Frau, deren Körper nach der Geburt noch nicht wieder so belastbar ist, vielleicht, weil es die einzige Möglichkeit ist, engen Kontakt mit dem Kind zu haben und dennoch den Einkauf oder andere wichtige Dinge zu erledigen, vielleicht auch einfach, weil es Vätern Spaß macht.

Anregung: *Hilfe für Ihren Rücken*

Beim Tragen – und auch beim Schuggeln des Kindes zu seiner Beruhigung – ziehen sich die Schultern nach oben. Um den durch das Gewicht vor dem Bauch oder der Brust verschobenen Schwerpunkt auszugleichen, gehen die meisten Menschen leicht ins Hohlkreuz. Als Dauerhaltung kann das sehr schmerzhaft werden, es führt zu ständig angespannten Muskeln im Schulter- und Nackenbereich wie im unteren Rücken und im Bereich des Kreuzbeins. Zur Entlastung: Versuchen Sie, trotz der Belastung durch das Gewicht des Kindes, die Schultern zu senken.

Wenn Sie Verspannungen im Schulter- und Nackenbereich spüren: Atmen Sie kräftig durch. Ziehen Sie mit dem Einatmen die Schultern hoch, fast bis neben die Ohren. Lassen Sie sie mit dem Ausatmen wieder fallen. Zusätzlich können Sie die Schultern drehen, möglichst nach hinten, das weitet den Brustkorb und wirkt der Verengung durch das Tragen entgegen. Dreimal drehen mit dem Einatmen, dreimal mit dem Ausatmen. Wiederholen Sie nach Lust und Laune.

Nehmen Sie sich fünf Minuten Zeit für die «Dreh-Dehn-Lage». Legen Sie sich auf einem festen Untergrund auf die rechte Seite. Beide Beine sind angewinkelt. Atmen Sie ruhig. Strecken Sie beide Arme nach oben. Bewegen Sie den linken Arm nah am Kopf zur Seite, sodass der Oberkörper sich dreht und die Schultern so nah wie möglich zum Boden kommen. Gleichzeitig drehen Sie den Kopf nach links. Beine und Becken sollen in der ursprünglichen Position bleiben. Verweilen Sie für mehrere Atemzüge in dieser Lage, kommen Sie langsam wieder in die Ausgangsposition zurück. Drehen Sie sich auf den Rücken. Nach einigen Atemzügen führen Sie die Bewegung zur anderen Seite aus.

Auch das Schaukeln und Wiegen der Kinder auf dem Arm kann man rückenfreundlich gestalten. Stehen Sie mit beiden Füßen gut auf dem Boden, das Gewicht liegt auf dem ganzen Fuß, nicht auf den Fersen oder dem Ballen. Die Füße sind etwa hüftbreit voneinander entfernt, die Fußspitzen zeigen nach vorne. Die Knie sind leicht gebeugt, die Schultern hängen, der Rücken ist gerade, als würden Sie an den Haaren auf der Mitte des Kopfes nach oben gezogen. Nehmen Sie jetzt das Kind vor den Bauch, ohne die Schultern hochzuziehen. Das Schuggeln ist eine Bewegung aufwärts und abwärts aus den Beinen heraus, ein Federn in den Knien. So bleibt der Rücken gerade, der Schwerpunkt und damit der Motor der Bewegung liegt weiterhin unterhalb des Bauchnabels. Atmen Sie im Bauch, atmen Sie ruhig hörbar aus. Viele Kinder lieben Papas tiefe Stimme, ein tiefes «Hoohoo» beim Ausatmen oder ein Brummen kann sehr entspannend wirken – für Vater und Kind.

Eine Rarität –
Väter im Erziehungsurlaub

Nur etwa 1,5 Prozent der Väter nehmen hierzulande Erziehungsurlaub (Stand: 2000). Sind Männer also nicht veränderungswillig? Halten sie an der althergebrachten Rollenaufteilung fest, weil sie sich mit der gesellschaftlich minder bewerteten Haus- und Familienarbeit ungern abgeben? Tatsächlich gilt als Vollwertmann der mit Vollzeitstelle und Vollzeitverdienst. Selbst, wenn Mann und Frau berufstätig sind, hat sie meist eine Teilzeit-, er einen Vollzeitarbeitsplatz und sein Verdienst liegt bis zu einem Drittel höher als der seiner Partnerin. Welche Familie, welches Paar kann es sich schon leisten, zugunsten eines Taschengeldes von DM 600,– Erziehungsgeld auf den größten Teil des Familieneinkommens zu verzichten? Auf diese Weise verfestigt das Erziehungsgeldgesetz herkömmliche Geschlechterrollen, erleichtert Männern den Rückzug auf die Ernährerrolle und erschwert Vätern die gleichberechtigte Teilhabe an Versorgung, Betreuung und Erziehung des Kleinkindes.

Aber wollen Frauen denn mehr Beteiligung der Männer? 1992 befürworten 69 Prozent der Frauen in West- und 64 Prozent der Frauen in Ostdeutschland grundsätzlich den Erziehungsurlaub für Väter. Wenn ihr eigener Partner dann aber Erziehungsurlaub in Anspruch nehmen würde, fänden das immerhin 46 Prozent der Frauen im Westen und sogar 50 Prozent der Frauen im Osten nicht gut (vgl. Bundesministerium 1996, S. 32). Alte Geschlechtsrollenmuster wirken nicht nur bei Männern. Arbeitet der Mann – und sei es nur für eine gewisse Zeit – stärker im Haushalt, so stellt das die traditionelle Definitionsmacht der Frau in diesem Bereich infrage, zwingt zu mehr Auseinandersetzung und kann zu Macht- und Selbstwertverlust bei der Frau führen. Gleichberechtigung heißt auch verstärkte Teilhabe von Männern in Haus und Familie, und das bedeutet für Frauen: Definitionsmacht über häusliche Angelegenheiten abgeben bzw. mit dem Mann teilen.

Finanzprobleme

Karl und Barbara haben einen kreativen Weg gefunden, mit diesem Problem umzugehen. Grundlage ihrer Beziehung war von Anfang an eine weitestgehend paritätische Aufteilung der Kinder-, Haus- und Erwerbsarbeit. Mutter und Vater wollen alle Vor- und Nachteile des Umgangs mit Kindern erleben. Beide haben eine akademische Ausbildung und feste Anstellungsverträge. Die günstige materielle Situation erleichtert es Karl natürlich sehr, Erziehungsurlaub zu nehmen. «Mir war immer klar, dass ich spätestens ab dem Ende der Stillphase für mindestens ein halbes Jahr zu Hause bleiben wollte», sagt er. «Wir haben viel geredet und unser beider Erziehungsurlaub richtig geplant. Wir haben viel hin und her gerechnet und über das Finanzloch diskutiert.»
Über mehrere Jahre haben sie auf den Erziehungsurlaub gespart, sich sozusagen eine private Erziehungsurlaubskasse eingerichtet. Beide haben etwa 20 Prozent ihres Nettoeinkommens auf ein Sparkonto eingezahlt. Im Erziehungsurlaub wurde aus dieser Kasse das Erziehungsgeld auf 80 Prozent des Nettoeinkommens aufgestockt.
«Beim ersten Kind hat das gut funktioniert, jetzt, beim zweiten, haut das nicht so ganz hin», berichtet Karl seine Erfahrung. «Einschränkungen muss ich vor allem bei Ausflügen und Urlauben mit den Kindern machen, Fernreisen sind gewiss nicht drin. Ich plane alles eine Nummer kleiner. Vieles ist im Leben mit Kindern auch billiger. Ich gehe gezielter einkaufen und nehme nichts mit, was ich nicht brauche. Ich koche jeden Tag für die Kinder. Früher bin ich schnell mal um die Ecke zum Italiener, wenn ich Hunger hatte. Das geht wegen der Kinder nicht mehr und spart eine Menge Geld.»

Erziehungsurlaub des Vaters schafft in den meisten Fällen finanzielle Engpässe. Wie groß die sind, hängt auch von der Sichtweise des Paares ab: Sehe ich die Finanzlücke als die Differenz zwischen Nettogehalt des Mannes und 600,– DM Erziehungsgeld oder sehe ich das geringere Gehalt der Frau als Bemessungsgrundlage. Das schafft zwar nicht mehr Geld, geht aber von einem gemeinsamen Familieneinkommen aus. Damit ist der Verdienst des Mannes nicht mehr wert als der seiner Partnerin. Ein Über- und Unterordnungsverhältnis fällt weg und macht den Blick frei für weitere kreative Lösungen.

Sparmodelle allein reichen nicht aus. Der Gürtel lässt sich nur bis zu einem gewissen Grade enger schnallen, danach bleiben viele Bedürfnisse unbefriedigt – und das führt schnell zum Beziehungskrach. Wie bei Alex: «Ich hatte es nach ein paar Monaten satt, mich zwar als toller Vater und besserer Mann zu fühlen, mir aber jedes Mal überlegen zu müssen, ob ich mir das antiquarische Buch für drei Mark leisten kann. Als dann der CD-Player kaputtging, habe ich ohne Absprache spontan ein neues Gerät gekauft. Als meine Frau nach Hause kam und die Anlage sah, wurde sie erst mal blass im Gesicht. Ich war schon auf einen Riesenkrach gefasst, aber dann fiel sie mir schluchzend in die Arme und sagte, sie habe eine neue Matratze für unser Bett bestellt.»

Die beiden haben mit viel Angst und Unbehagen Eltern und Schwiegereltern um Unterstützung gebeten für das halbe Jahr von Alex' Erziehungsurlaub. Sie waren erstaunt, wie leicht sie sich für einen monatlichen Scheck gewinnen ließen. «Großväter tun wohl gerne etwas für ihre Enkel», meint Alex. «Ihm war wichtig, dass es sich um einen begrenzten Zeitraum handelt, nicht um eine Dauerfinanzierung der Marotten des Sohnes. Mein Vater hat mir sogar eine vorzeitige Erbauszahlung angeboten, damit ich einen Hauskauf finanzieren kann und wir die Miete sparen.»

Andere Väter nehmen die Möglichkeit wahr, während des Erziehungsurlaubs bei ihrem alten Arbeitgeber einer *Teilzeitbeschäftigung* nachzugehen. Für Edwin die beste Möglichkeit, die Finanzlücke zu schließen. «Ich fühle mich nicht als Bittsteller und nicht als Hausmann. Ich bin weiterhin Handwerker und das Geld können wir gut gebrauchen.»

Claire vertreibt selbständig Kosmetik-Artikel. Vormittags erledigt sie anfallende Verwaltungsarbeiten und hat dabei ein Auge auf die Tochter. Mittags kommt Edwin aus dem Betrieb und nach dem Mittagessen besucht sie ihre Kundinnen.

Auch hier machen Kinder Männer stark. Die Tatsache, dass sie da sind und dass sie versorgt werden müssen, lässt manchen Vater Stärke zeigen: Indem er eine momentane Finanzschwäche eingesteht, Ängste überwindet, um Unterstützung bittet und sich auf die Suche nach kreativen Lösungen macht. Kooperation und Kommunikation mit der Partnerin sind unabdingbare Voraussetzungen für ein Gelingen. Die Familie muss an einem Strang ziehen. Wer sich nicht wenigstens auf die Suche nach einer Lösung des materiellen Problems im Erziehungsurlaub macht, sondern auf dem «Es geht nicht!» beharrt, muss sich den Vorwurf gefallen lassen, das Finanzargument nur vorzuschieben.

Auswirkungen auf die Familie

Die meisten Väter entscheiden sich während der Schwangerschaft, in Erziehungsurlaub zu gehen (Vaskovics 1999, S. 76). Nur wenigen ist bereits vorher klar, dass sie sich auf diese Weise in den Erziehungsprozess einschalten wollen. Viele sind beruflich unzufrieden oder wollen sich verändern, ein Jahr aus Routine und Stress aussteigen. Bei einigen bietet es sich aus finanziellen Gründen an, sie verdienen weniger als ihre Partnerin. Für Karl war es auch eine Möglichkeit, sich mit mehr Muße einem ehrenamtlichen Projekt zu widmen. «Ich habe immer gern geschrieben und war bei einer kleinen regionalen Zeitschrift mit politischem Anspruch eingestiegen. Texte in den Computer tippen und Telefonieren sind eben keine Tätigkeiten, die an bestimmte Zeiten gebunden sind. Das konnte ich gut erledigen, wenn der Kleine schlief oder bei der Oma war.»

Das entscheidende Argument für Väter aber, in Erziehungsurlaub zu gehen, ist die Freude am Kind. «Ich wollte einfach sehen, wie es wächst, wie es die Welt entdeckt und Kontakt aufnimmt. Dafür wollte

ich da sein, ihm Unterstützung bieten. Aber natürlich auch teilhaben an der Lebendigkeit, die ein Kind mit sich bringt», sagt Karl.
Der Realitätsschock kommt schnell. «Das Jahr war sehr belastend für uns alle. Das Geschrei, nachts aufwachen, immer Ränder unter den Augen und Spuren vom Bäuerchen auf dem Hemd. Vor allem der Winter war hart, wenn ich mit dem Kleinen nicht raus konnte und er immer an mir klebte.»
Dennoch schätzt er den intensiven Kontakt zum Kind, der in dieser Zeit entstanden ist. «Da ist ein Grundstein, eine feste, verlässliche Ebene, auch von ihm zu mir. Das geht nie wieder weg. Ohne ein Jahr für ihn voll verantwortlich zu sein, wäre das nicht entstanden.» Die Umstellungsphase gestaltete sich nicht so einfach: «Das war schon stressig, seinen Tagesablauf kennen zu lernen, alles darauf hin auszurichten. Das geht mit den Essenszeiten los. Dann muss die Mohrrübe rechtzeitig püriert sein, sonst gibt es Geschrei. Mit der Ordnung meiner Partnerin kam ich auch nicht gleich zurecht, ich musste in den ersten Tagen mehrmals bei ihr im Büro anrufen und fragen, wo sie die Mützchen und Söckchen versteckt hat.»
Sichtbarste Auswirkung der Veränderung: Auf einmal ist Papa der erste Ansprechpartner. «Wenn er sich wehgetan hatte, kam er zu mir gelaufen. Ich sollte trösten. Seine neuen Entdeckungen teilte er zuerst mir mit, wie er den Ball kullern kann und so. Wir hatten eine eigene Sprache entwickelt, die meine Partnerin nicht auf Anhieb verstand. Die war manchmal außen vor, der Kleine hat sich genervt von ihr abgewendet, als sie nicht reagierte, wie er es von mir gewohnt war.»
Im Gespräch fanden die beiden eine kreative Lösung: Mama übernahm fest und verlässlich die Gute-Nacht-Geschichte und widmete sich am Wochenende für ein paar Stunden ausschließlich ihrem Sohn. Für den Vater ein unverhofftes Plus: Er hatte mehr Freizeit, die er auch gern nutzte, fürs Kino oder ein Bier mit Freunden.
Das war dringend nötig. «Die Isolation mit dem Kind ist immens. Natürlich gibt es soziale Kontakte, aber das sind alles Mütter und Hausfrauen und die Gespräche drehen sich nur ums Kind. Meine Freunde sind berufstätig. Ich habe Gespräche vermisst wie an der Arbeit, oder ein ‹Hallo, wie geht's?› zwischen Tür und Angel.» Was Karl auch ver-

misste: Anerkennung. Die gibt es im Beruf, wenn eine Arbeit zur Zufriedenheit erledigt ist, ein Projekt erfolgreich war. Hausarbeit bedeutet ständige Wiederholung. «Nichts ist wirklich fertig, höchstens mal das Essen.» Auch Frauen, die meist diese Arbeit verrichten, sind nicht unbedingt Weltmeister in Lob und Anerkennung. «Das musste ich mir holen. Dann fragte sie auch noch spitz: ‹Soll ich dich etwa für den Abwasch loben?›»

Paare müssen lernen, den Beitrag des anderen zur Familienarbeit zu akzeptieren und anzuerkennen. Das fällt schwer, denn Abwasch und Fensterputzen sind keine augenfälligen und von der Gesellschaft als besonders wertvoll deklarierte Arbeiten. Anerkennung gibt es üblicherweise nur für etwas Besonderes, das über das normale Maß hinausgeht. Das ist im Haushalt selten der Fall. Lernen Sie, auch Alltägliches zu bemerken und zu loben! Die Atmosphäre in Ihrer Partnerschaft wird sich bestimmt verbessern.

Laszlo Vaskovics fand heraus, dass es nachhaltige Folgen hat, wenn der Vater Erziehungsurlaub nimmt. In seiner Untersuchung gaben viele Paare als positiv an, einmal «die andere Seite» erlebt zu haben. Das Verständnis füreinander habe sich deutlich verbessert. Auch die Partnerinnen waren des Lobes voll, sie konnten berufliche Ziele verwirklichen und Beförderungen annehmen. Männer, die Erziehungsurlaub genommen haben, engagieren sich auch nach dessen Ende stärker in Haushalt und Kindererziehung (Vaskovics 1999, S. 104 ff.).

Reaktionen im Betrieb

Männer befürchten berufliche Nachteile, wenn sie in Erziehungsurlaub gehen. Alex bekam von seinem Chef gleich eine Gehaltserhöhung angeboten, damit er als Ganztagsmann erhalten bliebe und diese «unsinnige Vaterschaftsgeschichte» im Betrieb nicht Schule machte. Das ist noch eine freundliche Variante, denn das Angebot zeigte Alex, dass seine Person und seine Arbeitskraft in seiner Firma gewollt und wichtig sind.

Andere berichten von Mobbing durch Kollegen, Kolleginnen und Vorgesetzte. «Ach, unser Supervater», musste Fred sich anhören, als er die Kollegen von seinem Vorhaben in Kenntnis setzte. «Die Kollegen scheinen meine Entscheidung als Arroganz ausgelegt zu haben. So als wollte ich etwas Besseres sein oder ihnen vorhalten, sie seien schlechte Familienväter.» Er spürte deutlich, dass er nicht mehr für voll genommen wurde. Kleine Verfehlungen oder Verspätungen um wenige Minuten wurden ihm sofort heftig angekreidet: ‹Na, dass du heute überhaupt noch kommst.› Die Kollegen befürchteten, ich hätte kein Interesse mehr am Betrieb und würde ihnen daher mehr Arbeit aufhalsen. Ich musste mich noch mal richtig reinhängen und ihnen klarmachen, dass ich meine Leistung bringe.»

Trotzdem fühlte er sich ausgeschlossen. Nicht, dass er direkt geschnitten worden wäre. «Die Gespräche zwischen Tür und Angel wurden immer seltener. Zur Kaffeepause wurde ich nicht mehr in die Teeküche geholt. So war ich von wichtigen Informationsquellen abgeschnitten und konnte nicht mehr richtig mitreden. Abgesehen von der Verschlechterung des Betriebsklimas hatte das auch direkte Auswirkungen auf die Qualität der Arbeit.»

Auch ein Gespräch mit den Vorgesetzten brachte nichts: «Ich hatte den Eindruck, die wollten mich loswerden. Sie deuteten Unzufriedenheit mit meiner Leistung an. Bevor ich Erziehungsurlaub beantragt hatte, war ich mehrmals belobigt worden.» Als ein Kollege in einer anderen Abteilung pensioniert wurde, versetzte man Fred dorthin. Ein Sachbearbeiterposten, auf dem er sicher keine Karriere machen wird. Fred kommentiert die Versetzung mit einem lachenden und einem weinenden Auge. «Ich bin nicht entsprechend meinen Fähigkeiten eingesetzt. Hier gibt es keine Herausforderungen. Das ist ein Abstieg. Bei den Kollegen und Kolleginnen bin ich akzeptiert, es gibt keine Sprüche. Die Arbeit läuft mit links, zu Hause denke ich nicht mehr daran und habe mehr Energie für die Familie.»

Wer wagt es, Erziehungsurlaub zu nehmen?

Die meisten männlichen Erziehungsurlauber finden sich im akademisch geprägten Mittelschichtmilieu, in Betrieben des öffentlichen Dienstes und in Firmen, die Frauenförderung zumindest formal auf ihre Fahnen geschrieben haben. Werner ist bei der ÖTV angestellt, der Gewerkschaft, die mit «Frau geht vor» um weibliche Mitglieder wirbt. Ihm sei hauptsächlich mit Schulterklopfen begegnet worden. «Die Kollegen fanden das fast alle gut», sagt er. Manche ältere Mitarbeiter begegneten ihm mit Unverständnis, konnten sich nicht vorstellen, warum er zu Hause bleiben wollte und wie der dort seinen Tag verbringen würde. «Andere bereuten, diese Chance nie gehabt zu haben und schwärmten, wie schön es doch wäre, die Kinder von klein auf richtig mitzubekommen.» Für Jüngere ist er eine Herausforderung. «Die fragen sich: ‹Könnte ich das auch?› und wollen wissen, wie ich das praktisch hinkriege.» Ein leibhaftiges Beispiel zwingt zur Auseinandersetzung.

Arbeiten im Erziehungsurlaub

Während des Erziehungsurlaubs hat man laut Gesetz ab 2001 das Recht, einer geringfügigen Tätigkeit bis zu 30 Wochenstunden beim alten Arbeitgeber. Vielen Familien eröffnet diese Verdienstmöglichkeit überhaupt erst die Chance, sich einen Vater im Erziehungsurlaub leisten zu können.

Für die Arbeitgeber liegen die Vorteile auf der Hand: Begonnene Projekte können zu Ende geführt werden, der Arbeitnehmer bleibt als Ansprechpartner für wichtige Kunden erhalten, seine speziellen Kenntnisse über Arbeitsabläufe, sein «Wegewissen» und seine Kontakte stehen weiterhin zur Verfügung, wenn auch eingeschränkt. Der Arbeitnehmer behält den Kontakt zum Betrieb und den Kollegen, was sich positiv auf das Betriebsklima und damit die Arbeitszufriedenheit und Leistung auswirkt. Außerdem bleibt er «drin» in seinem Bereich, bleibt bei aktuellen Entwicklungen auf dem Laufenden und bildet sich somit weiter.

Die Notwendigkeit des Rechtsanspruches auf einen Teilzeitarbeitsplatz beim alten Arbeitgeber zeigt Werners Beispiel: In seinem fünfmonatigen Erziehungsurlaub wollte er ein Projekt zu Ende führen und in diesem Zusammenhang zu einer Konferenz reisen und einige wichtige Termine wahrnehmen. Der Umfang seines Einsatzes sollte begrenzt sein auf ca. 50 Arbeitsstunden. Der Arbeitgeber, die Gewerkschaft, sagte lapidar: «Kein Bedarf.» Da er sonst wichtige Entwicklungen verpasst hätte – und deren Kenntnis liegt üblicherweise auch im Interesse des Arbeitgebers –, nahm er privat an der Konferenz teil. So saß er auf eigene Kosten neben Kollegen, die diese Zeit normal bezahlt bekamen. Werners Partnerin musste für die Betreuung der Kinder in dieser Zeit Urlaub nehmen.

Männer als Berufsrückkehrer

Je länger der Erziehungsurlaub dauert, je länger der Vater dem Betrieb fernbleibt, desto größer sind die Probleme bei der Rückkehr in den Beruf. Zwar garantiert das Gesetz einen gleichwertigen Arbeitsplatz, aber «gleichwertig» ist ein sehr dehnbarer Begriff. Laut Gesetz darf der Rückkehrer nicht schlechter bezahlt werden als vorher. Die rechtlichen Auffassungen, was «gleichwertig» neben der Lohngarantie heißt, gehen auseinander. Manche Urteile halten auch Änderungskündigungen während des Erziehungsurlaubs für unzulässig.
Der gleiche Arbeitsplatz wird also nicht garantiert. Vor einer Dequalifizierung durch Umsetzung sind Väter per Gesetz nicht voll geschützt. Mütter natürlich auch nicht. Auch Werner sollte zunächst ein anderer Arbeitsplatz zugewiesen werden. Der Erziehungsurlaub kam dem Arbeitgeber gerade recht bei seinen Plänen zum Stellenabbau. «Erziehungsurlaub als Einstieg in den Stellenabbau zu benutzen, ist glatter Missbrauch der Gesetze», empört sich Werner. Erst nach einer Intervention des Betriebsrats und der Ankündigung rechtlicher Schritte konnte er an seiner alte Stelle bleiben. Die Reaktion der gewerkschaftlichen Frauenpolitikerinnen war ambivalent und im Ergebnis sehr zurückhaltend. Theoretisch fand frau das Anliegen berechtigt. Sich praktisch für einen Mann zu engagieren, wo doch hunderttausende Frauen in dieser Situation seien, kam aus ihrer Sicht einer Bevorzugung gleich. Dass es für Frauen eine Entlastung bedeutet, wenn Männer Erziehungsurlaub nehmen und ihre Unterstützung somit indirekt Frauen zugute kommt, wollte sie nicht gelten lassen.
Arbeitgeber, die sich so verhalten, handeln kurzsichtig. Da hat ein Ar-

beitnehmer sich über mehrere Jahre in eine Stelle eingearbeitet und seine Qualifikation unter Beweis gestellt. Diese Qualitäten wären durch eine Versetzung kaum noch etwas wert, die Einarbeitung wäre für den Betrieb verlorene Zeit. Außerdem erhöht der Erhalt des Arbeitsplatzes die Arbeitszufriedenheit. Soziale Kontakte bleiben bestehen, was dem Betriebsklima förderlich ist. Das sollte auch für Arbeitgeber von Interesse sein.

Betriebe, insbesondere kleine und mittelständische, stehen oft unter hohem Kostendruck und der wirkt sich auch auf das Personalwesen aus. Kosten fallen im Wesentlichen durch die Suche nach einem geeigneten Nachfolger und die Einarbeitung an. Sie würden jedoch auch bei einer plötzlichen längeren Erkrankung oder einem Unfall entstehen, ebenso bei wichtigen Änderungen im Arbeitsablauf, können also nicht als Argument gegen den Erziehungsurlaub herhalten.

Bis Ende 2000 fiel ein Mann im Erziehungsurlaub aus dem Stellenplan heraus. Bei seiner Rückkehr wurde er wieder aufgenommen. Damit war ein Erziehungsurlauber schlechter gestellt gegenüber anderen, die dem Betrieb längere Zeit fernbleiben. Wer wegen Krankheit für ein halbes Jahr ausfällt, kann auf seinen alten Arbeitsplatz zurückkehren. Niemand käme auf die Idee, ihm dieses Recht streitig zu machen. Die Teilzeit-Garantie ab 2001 ist ein wichtiger Schritt.

Zwar ist der Kostendruck für Betriebe ein gewichtiges Argument. Dem gegenüber steht aber nicht nur das Interesse der Gesellschaft an der Gleichberechtigung der Geschlechter, speziell das Interesse von Männern, durch den Erziehungsurlaub keine beruflichen Nachteile zu erleiden. Die so genannten weichen Qualifikationen, wie kommunikative Kompetenz, Teamfähigkeit, intuitives Erfassen von Situationen oder Kommunikation in Gruppen sind ein Standard-Angebot in Management-Seminaren für lernende Organisationen. Der Erziehungsurlauber lernt das im Umgang mit seinem Kind. Und für längere «Babypausen» gibt es ja für Frauen seit langem Kurse, die den beruflichen Wiedereinstieg erleichtern und in denen sie Qualifikationen nachholen können. Wieso sollte das nicht auch für Männer möglich sein?

Rechtliche Grundlagen für Erziehungsurlaub und Erziehungsgeld

Rechtliche Grundlagen für den Bezug von Erziehungsgeld und die Inanspruchnahme von Erziehungsurlaub ist das *Bundeserziehungsgeldgesetz* (Stand: 2000).

Erziehungsgeld

■ Das Erziehungsgeld beträgt 600 DM monatlich, es wird für die ersten 24 Lebensmonate des Kindes gewährt. Einige Bundesländer zahlen in bestimmten Fällen weitere zwölf Monate. Ab 2001 besteht die Möglichkeit, Erziehungszeiten und Erziehungsgeld zu kumulieren. Wird insgesamt nur ein Jahr Erziehungsgeld beansprucht, kann dessen Höhe bis zu 900,– DM betragen. Nähere Auskünfte erteilt die Erziehungsgeldkasse beim Jugendamt.

■ Voraussetzung: Sie haben das Sorgerecht, leben mit dem Kind in einem Haushalt und betreuen es überwiegend selbst. Nicht-sorgeberechtigte Väter benötigen das schriftliche Einverständnis der leiblichen Mutter.

■ In dieser Zeit dürfen Sie bis zu 30 Stunden wöchentlich einer Erwerbstätigkeit nachgehen.

■ Bei Mehrlingsgeburten oder wenn Sie im Beziehungszeitraum ein weiteres Mal Vater werden, zahlt der Staat für jedes Kind Erziehungsgeld.

■ Erziehungsgeld muss schriftlich jeweils für ein Lebensjahr beantragt werden. Haben Sie das versäumt, wird höchstens für sechs Monate rückwirkend gezahlt.

■ Einkommensgrenzen: Eltern, die verheiratet sind oder zusammen wohnen, dürfen nicht mehr als 100 000 DM (brutto) pro Jahr verdienen, Alleinerziehende 75 000 DM (brutto). Sonst wird das Erziehungsgeld von Geburt an gemindert. Ab dem 7. Lebensmonat liegen die Grenzen deutlich niedriger, 29 400 DM für Verheiratete und jene, die in «eheähnlicher Gemeinschaft» leben, 23 700 DM für Alleinerziehende.

■ Mutterschaftsgeld wird grundsätzlich auf des Erziehungsgeld angerechnet. Das Gleiche gilt für das Arbeitslosengeld; der Anspruch kann jedoch um den Bezugszeitraum aufgeschoben werden. Arbeitslosenhilfe, Sozialhilfe und ähnliche Leistungen sind nicht betroffen.

Erziehungsurlaub

■ Die Grundvoraussetzungen für Erziehungsurlaub und Erziehungsgeld sind gleich, nämlich der gemeinsame Haushalt mit dem Kind, das Sorgerecht oder das Einverständnis der Mutter und die überwiegende Betreuung des Kindes durch Sie selbst.

■ Urlaub, auch Erziehungsurlaub, gibt es nur für Erwerbstätige. Auch die Partnerin muss erwerbstätig oder arbeitslos sein oder eine Ausbildung absolvieren.

■ Sie haben ein Recht auf Erziehungsurlaub für die ersten drei Lebensjahre des Kindes. Erziehungsgeld gibt es jedoch nur für 24 Monate.

■ Sie können sich mit Ihrer Partnerin dreimal beim Erziehungsurlaub abwechseln.

■ Auf befristete Arbeitsverhältnisse hat der Erziehungsurlaub keinen Einfluss, die Betreuung des Kindes verlängert den Arbeitsvertrag nicht. Befristete Ausbildungsverhältnisse jedoch verlängern sich entsprechend.

■ Wollen Sie in Erziehungsurlaub gehen, müssen Sie Ihre Absicht dem Arbeitgeber spätestens vier Wochen vor Beginn mitteilen und verbindlich erklären, wie lange der Erziehungsurlaub dauern soll. Eine Verlängerung oder ein vorzeitiges Ende sind in der Regel nicht möglich.

■ Will z. B. die Mutter im ersten und dritten, der Vater im zweiten Lebensjahr des Kindes in Erziehungsurlaub gehen, muss der Vater das seinem Arbeitgeber erst vier Wochen vor Beginn seines Teils bekannt geben, nicht bereits bei der Geburt oder wenn seine Frau Erziehungsurlaub in Anspruch nimmt.

■ Der Arbeitgeber kann den für das Jahr zustehenden Erholungsurlaub während dieser Zeit um ein Zwölftel für jeden Monat des Erziehungsurlaubs kürzen. Arbeiten Sie jedoch weiterhin bis zu 30 Stunden die Woche bei Ihrem alten Arbeitgeber, so gilt diese Regelung nicht.

■ Grundsätzlich besteht Kündigungsschutz während des Erziehungsurlaubs. Er beginnt mit der Anmeldung, längstens jedoch sechs Wochen vor Beginn. Ausnahmen sind durch das Gewerbeaufsichtsamt
zulässig. Der Vater selbst kann allerdings während des Erziehungsurlaubs zu den üblichen Fristen kündigen. Erhalten Sie am Ende des
Erziehungsurlaubs das Kündigungsschreiben, muss eine Frist von drei
Monaten gewahrt bleiben.

■ Nach Ende des Erziehungsurlaubs haben Sie das Recht auf einen
gleichwertigen Job bei Ihrem alten Arbeitgeber. Ein Anspruch auf den
alten Arbeitsplatz ist rechtlich umstritten. Eine geringer entlohnte Tätigkeit darf Ihnen jedoch nicht zugewiesen werden.

Modell Schweden

Während in Deutschland der Anteil der Männer, die Erziehungsurlaub
nehmen, seit Jahren konstant zwischen ein und zwei Prozent herum-
dümpelt, ist er in Schweden innerhalb weniger Jahre auf über 31 Prozent gestiegen. Allerdings ist die Dauer des Elternurlaubs, den Männer
nehmen, kürzer als der vergleichbare Zeitraum bei Frauen. Der Durch-
schnitt liegt etwas unter einem halben Jahr. Wie haben die Schweden
das geschafft? Sind schwedische Männer so viel frauenfreundlicher, so
viel familienfreundlicher?
Wie andere nordeuropäische Länder auch, wurde Schweden erst zu
einem späten Zeitpunkt und sehr schnell industrialisiert. Eine Bürger-
klasse, die für Frauen nur Kinder, Küche und Kirche als Lebensperspektive bereithält, entwickelte sich kaum. Denn die lang bestehende agra-
rische Gesellschaft war auf mitarbeitende und mitverdienende Frauen
angewiesen. Frauenerwerbsarbeit hat daher in Schweden traditionell
einen höheren Stellenwert.
Kein Wunder, dass die Sozialdemokratinnen über einen hohen Einfluss
verfügen und fast 50 Prozent der politischen Mandate mit Frauen besetzt sind. Die zeigen ein hohes Interesse an einer Familienorientierung
von Männern. Bereits seit 1974 können laut Gesetz auch Männer in
Schweden ihre Erwerbstätigkeit unterbrechen, um sich um ihre Kinder

zu kümmern. Deutschland zog erst zwölf Jahre später nach. Die schwedische Gleichstellungsministerin rief eine Arbeitsgruppe, die «Ideengruppe für Fragen der Männerrolle» ins Leben. Als entscheidend für die Veränderung der Männerrolle sah die Ideengruppe, dass Väter eine nähere und intensivere Bindung zu ihren Kindern entwickeln. Daraufhin erarbeitete sie Modelle für einen Elternurlaub, der die Chancen für eine aktive Vaterschaft verbessert.

Der wichtigste Unterschied des heutigen schwedischen Elternurlaubs zum deutschen Erziehungsurlaub besteht darin, dass in Schweden 90 Prozent des Lohns oder Gehalts bezahlt werden. Diese Lohnersatzleistung minimiert den Verlust der Familie, wenn der Hauptverdiener ausfällt.

Ein für Familien wie Arbeitgeber großer Vorteil ist die Flexibilität des Elternurlaubs. Er kann an einem Stück genommen werden oder in mehreren Teilen; insgesamt kann er auf neun Jahre (im öffentlichen Dienst sogar auf zwölf Jahre) gestreckt werden. Damit ergeben sich viele Chancen zur Teilzeitarbeit. Es ist möglich, mehrere Stunden täglich zu arbeiten, aber auch nur einen oder zwei Tage in der Woche.

Um den Anteil der Väter, die sich am Elternurlaub beteiligen, zu erhöhen, wurde 1995 eine Quotierung eingeführt. Ein Monat verfällt, wenn ihn der Vater nicht nimmt. Ob die «Väterquote» deshalb über die 31 Prozent-Marke gestiegen ist, ließ sich noch nicht genau ermitteln. Frauen nehmen zwar noch den Löwenanteil der Freistellung, Männer klinken sich aber immer intensiver ein. 1996 lag der durchschnittliche Wert der Väter bei 58 Tagen Elternurlaub.

Weiteren Anreiz, sich aktiv an der Erziehung der Kinder zu beteiligen, bietet ein zehntägiger Geburtsurlaub, der nur von Vätern genommen werden kann. Über 85 Prozent nutzen dieses Angebot. Ist das Kind krank, kann ein Elternteil bis zu 60 Tage pro Jahr zu Hause bleiben. Über ein Drittel der Betreuungstage wird von Vätern in Anspruch genommen.

Viele Kampagnen, die Arbeitgeber über den Elternurlaub aufklären, werden von der Regierung unterstützt oder initiiert. Gleiches gilt für Projekte in Betrieben, die eine Veränderung der Männerrolle und eine

Beteiligung von Männern am Erziehungsurlaub zum Ziel haben. Das Beispiel Schweden zeigt: Männer ändern ihr Rollenverhalten, wenn finanzielle Regelungen und Bewusstseinsbildung der Bevölkerung Hand in Hand gehen.

Was der Fachmann dazu sagt

Interview mit Georg Brzoska, 44, Diplom-Soziologe im Elternzentrum im Berliner Bezirksamt Kreuzberg, leitet dort ein Väterzentrum und eine Beratungsstelle für schlagende Männer, schrieb Expertisen zum Erziehungsurlaub für den Berliner Senat und das Bundesfamilienministerium, Vater einer zwölfjährigen Tochter, praktiziert nach der Trennung gemeinsame Elternschaft.

Herr Brzoska, Sie haben sich lange mit dem Thema «Elternurlaub» beschäftigt. Sie kennen das schwedische und das deutsche Modell. Was sind Ihre Kritikpunkte am deutschen Erziehungsurlaub?

Die wichtigsten Gründe: Es gib keine Lohnersatzzahlung, sondern nur ein Taschengeld. Wenn der Hauptverdiener, in der Regel der Vater, ausfällt, kann sich die Familie das nur in sehr wenigen Fällen leisten. Das andere ist die Mentalität, das Denken von allen Beteiligten, sogar von Vater und Mutter selbst. Dass Väter es sich selbst nicht zutrauen und dass es ihnen nicht zugetraut wird. Viele Arbeitnehmer befürchten, dass Kollegen und Arbeitgeber es als absurd ansehen würden, wenn sie Erziehungsurlaub nähmen. Väter müssen sich da durchkämpfen und oft ist sogar der Arbeitsplatz gefährdet.
Schweden ist ein gutes Beispiel dafür, dass Veränderungen des Rollenverhaltens möglich sind, wenn Regelungen, materielle Anreize und Mentalitätsänderungen Hand in Hand gehen.

Was muss in Deutschland getan werden, damit sich Väter mehr an der Erziehung beteiligen?

Man muss an beiden Punkten ansetzen: Es braucht eine Änderung des Bewusstseins und eine Änderung der Rahmenbedingungen. Das wichtigste ist die schrittweise Anhebung des Erziehungsgeldes hin zur Lohnersatzzahlung. Was die Bewusstseinsseite angeht, da muss man mit vielen unterschiedlichen Projekten arbeiten. In Schweden hatten die Sozialdemokratinnen einen großen Anteil daran, ein Bild von Partnerschaft in der Erziehung zu schaffen und in die Bevölkerung zu tragen. Noch größer ist ihr Anteil an der politischen Umsetzung von Rahmenbedingungen, die diesem Ziel dienen sollen. Da war ein politischer Wille. Die anderen Parteien sind nachgezogen und auch große einflussreiche Verbände. In Schweden gab es staatlich geförderte Projekte, wie die Arbeitsgruppe zur Männerrolle von 1983 bis 1993, die von der Gleichstellungsministerin eingesetzt worden ist. Es hat, angeregt von diesem Gleichstellungsrat, in Schweden etwa 40 Projekte gegeben, vor allem in Betrieben, von denen sich zwei Drittel auf aktive Vaterschaft bezogen. Diese Projekte waren politisch gewollt und staatlich gefördert. Auch in Deutschland gibt es vereinzelte Projekte, wir brauchen aber viel mehr davon und vor allem mit der klaren staatlichen Unterstützung, mit der Autorität der Regierung.

40 Projekte, das klingt nicht viel
Deutschland hat 80 Millionen Einwohner. Schweden acht. Das macht die Relation deutlich.

Tipps *für Väter, die Erziehungsurlaub nehmen wollen*

- Besprechen Sie Ihren Wunsch, Erziehungsurlaub zu nehmen, zunächst mit Ihrer Partnerin.
- Suchen Sie Kontakt zu Männern, die Erziehungsurlaub genommen haben, vielleicht in einer Vätergruppe oder einem Männerbüro.
- Erörtern Sie Ihren Wunsch mit Ihren Freunden und Verwandten, insbesondere Eltern und Schwiegereltern. Sie brauchen Unterstützung in Ihrem persönlichen Umfeld, besonders, wenn Sie auf «Babysitterdienste» angewiesen sind! «Einzelkämpfer» haben es im Erziehungsurlaub besonders schwer.
- So gestärkt suchen Sie das Gespräch mit Kollegen, vor allem mit denjenigen, mit denen Sie direkt zusammenarbeiten.

- Informieren Sie sich genau über Ihre Rechte während des Erziehungsurlaubs.
- Überlegen Sie gemeinsam mit Ihrer Partnerin, wer wann Erziehungsurlaub nimmt, wie Sie finanzielle Einbußen verkraften können und ob und in welchem Umfang Sie weiterarbeiten möchten.
- Wenn Sie sich der Unterstützung Ihres Umfeldes und der Kollegen sicher sind, wenn Sie klare Vorstellungen von der Gestaltung Ihres Erziehungsurlaubs haben, suchen Sie das Gespräch mit Ihren direkten Vorgesetzten. Nehmen Sie betriebliche Belange ernst, zeigen Sie im Gespräch, dass Sie sich darüber Gedanken gemacht haben.
- Nicht vergessen: Der Erziehungsurlaub muss vier Wochen vor Beginn beim Arbeitgeber angemeldet werden!

Das bittere Ende –
Trennung und Scheidung

Was soll das denn? Ein Kapitel über Trennung und Scheidung in einem Ratgeber für junge Väter? Ich bin verliebt, ich habe gerade eine Familie gegründet. Ich erfahre gerade bedingungslose Liebe – vom Kind zu mir und von mir zum Kind. Meine Frau ist im Erziehungsurlaub, den Alltag regeln wir gemeinschaftlich. Trennung ist das Letzte, an das ich jetzt denke.

So werden die meisten Väter denken, die dieses Buch zur Hand nehmen. Und so werden die meisten der vielen Väter gedacht haben, deren Ehen wieder auseinander gegangen sind. Die meisten Eltern trennen sich zwischen dem vierten und siebten Jahr der Ehe, im fünften liegt die Scheidungsrate am höchsten. Ein großer Teil der Kinder ist bei der Trennung noch nicht einmal drei Jahre alt (vgl. Deutscher Kinderschutzbund, 1998).

Auf über eine Million schätzt Jürgen Sass vom Deutschen Jugendinstitut die Zahl der von ihren Kindern getrennt lebenden Väter innerhalb der letzten 15 Jahre. Etwa die Hälfte von ihnen hat ein Jahr nach der Scheidung keinen Kontakt mehr zu ihren Kindern. Das Scheidungsbegehren geht übrigens zu etwa 60 Prozent von der Frau, zu etwa 30 Prozent vom Mann aus. Nur 10 Prozent waren ein gemeinsamer Wunsch (vgl. Sass 1997, S. 125 f.), auch wenn juristisch fast 70 Prozent als «einvernehmliche Scheidungen» (PAPS – Welt der Väter 3/1998, S. 35) gelten. Frauen scheinen sich also in der Ehe deutlich weniger wohl zu fühlen als Männer. Aber wieso reißt der Kontakt zu den Kindern ab? Elternschaft bleibt doch bestehen, auch wenn sich Vater und Mutter nicht mehr verstehen.

Trennungsgründe

Mit der Geburt des Kindes wird alles anders. Das Paar muss den Alltag neu regeln, die Beziehung zu zweit und zu dritt gestalten, neue Formen der Stressbewältigung einüben, neue soziale Kontakte – vor allem zu anderen Eltern – pflegen, «Zeit für mich» einplanen, etc. Das Ideal des Familienlebens bekommt seinen Realitätsschock. Das Stressniveau steigt, man ist nie mehr wirklich allein. Wünsche an den Partner und Erwartungen ändern sich. Ideen werden zu «Rosinen im Kopf». Niemand kann für den anderen die Sterne vom Himmel holen oder das Leben immer angenehm gestalten.

Umfragen und Zeitungsberichte nennen immer wieder *Alltagsprobleme*, vor allem Geld- und Erziehungsfragen, als Gründe für die meisten Trennungen. Seriöse Untersuchungen hierzu stehen noch aus. Der Psychoanalytiker Reinhard Kreische (Kreische 1994, S. 102 ff.) fand heraus, dass Paare, die in der Schwangerschaft oder kurz nach der Geburt in eine Krise geraten, oft Probleme haben, sich mehr als einem Menschen intensiv zuzuwenden. Sie bilden so genannte Dyaden, klammern sich an den geliebten Partner und geben ein eigenständiges Leben auf. Im Extremfall treten sie als Individuum und Paar überhaupt nicht mehr in Erscheinung, nennen sich gegenseitig «Mama» und «Papa».

Paare, die gelernt haben, sich zu streiten, sich auseinander zu setzen, sich über Wünsche, Erwartungen, Lebensvorstellungen auszutauschen, haben es leichter. Sie treten dem Partner gegenüber eigenständig auf, gestalten weiterhin Freundschaften und Kontakte auch außerhalb der Partnerschaft. Für andere sind sie als Einzelperson, als Paar und als Familie unterschiedlich erkennbar. Sie sind in der Lage, die Beziehung zum Kind jeder auf seine Weise zu gestalten, das anzuerkennen und notwendige Kompromisse zu schließen.

Soziale und gesellschaftliche Umstände verschärfen Spannungen in Beziehungen. So ist die klassische «Einverdienerehe» der Grundgedanke der Gesetzgeber. Vor allem das «Ehegattensplitting» im Steuerrecht bevorzugt die Bezieher deutlich ungleicher Einkommen. Männer und Väter werden aufgrund des üblicherweise höheren Verdienstes die bessere Steuerklasse wählen – und sich dauerhaft auf die Ernährerrolle festlegen.

Die Bevorzugung der Ehe ist gesellschaftlich längst überholt. Viele Paare leben ohne Trauschein zusammen und wollen keine Kinder. Die Gründe, «Ehe und Familie» besonders zu schützen und zu fördern, sind damit obsolet. Andere wollen nicht «wegen der Kinder» heiraten. Tarifliche und steuerliche Vergünstigungen sollten nicht an den Ehering gekoppelt sein, sondern jede Art des Zusammenlebens mit Kindern fördern.

Mangelnde Betreuungsplätze, insbesondere für Kleinkinder und unzuverlässige Schulzeiten halten Frauen in der Familie fest. Die Folgen für die Hausfrauen – und auch die wenigen Hausmänner: fehlende gesellschaftliche Anerkennung, soziale und persönliche Isolation, materielle Abhängigkeit, fehlende Perspektiven, fehlende geistige und berufliche Herausforderung, mangelnde Entwicklungschancen.

Das alles ist nicht dem Mann oder der Partnerschaft anzulasten. Obwohl es immer noch viele Väter gibt, die Frau und Kinder nicht mitdenken, sie nicht in ihre Zeitplanung einbeziehen, ihre materiellen Bedürfnisse nicht ernst nehmen und es an Aufmerksamkeit und Zuwendung fehlen lassen. Sie sind bequem, der Beruf geht ihnen über alles, sie lassen sich zu Hause umsorgen und brauchen die Frau, die ihnen den Rücken freihält.

Unzufriedenheit mit der sozialen Rolle, eingeengt in häuslichen Zwängen – das hat selbstverständlich Auswirkungen auf die Partnerbeziehung. Da gibt es Vorwürfe, der Vater würde zu wenig im Haushalt tun, sich zu wenig kümmern, immer nur an sich denken. Es gibt Rechtfertigungen und Gegenvorwürfe. Die Streitspirale ist im Gang. Keiner von beiden fühlt sich wirklich gesehen, akzeptiert, ernst genommen, die Trennung steht vor der Tür.

Für Frauen ist die Babypause so selbstverständlich wie der Wunsch, danach wieder in den Beruf zurückzukehren. Frauenbeauftragte haben viel Arbeit geleistet für gute Unterstützungsangebote. Hier haben Männer noch einiges nachzuholen. Aufgrund geänderter Arbeitsbedingungen und aufgrund sich ändernder sozialer Rollen werden sie lernen müssen, einen so genannten Patchwork-Lebenslauf mit Zeiten der Kinderpause oder der Teilzeitarbeit für sich zu akzeptieren und positiv zu gestalten.

Die materielle Situation nach der Trennung

Die materielle Situation von Familien nach der Trennung ist alles andere als rosig. Oft müssen von einem Gehalt zwei Wohnungen bezahlt, neue Möbel und Haushaltsgeräte angeschafft werden – wer hat schon zwei Kühlschränke oder Waschmaschinen? Bei einer Scheidung kommen Anwalts- und Gerichtskosten hinzu. Die Höhe differiert nach den Anträgen, die dem Gericht zur Entscheidung vorgelegt werden, aber ein paar tausend Mark kommen schnell zusammen. In vielen Fällen verlängert sich der Weg zur Arbeit, die Kinder müssen zu den Besuchstagen abgeholt werden – das kostet Zeit und Geld. Nicht zuletzt wird auch noch die Steuerklasse geändert. Splitting-Vorteile fallen weg, vielleicht auch Zuschläge. Es ist objektiv weniger Geld da, von dem dennoch zwei Haushalte bezahlt werden müssen.

In den meisten Fällen bleiben die Kinder – immer noch – in der Wohnung der Mutter. Der Vater zieht aus. Er muss Unterhalt für die Kinder zahlen. In der «Düsseldorfer Tabelle» wurden Richtwerte für den Mindestunterhalt festgelegt. Liegt der Nettoverdienst zwischen 3100,– und 3600,– DM, so liegt der Regelunterhalt bei zwei Kindern pro Kind unter 6 Jahren bei 435,– DM, insgesamt also 870,– DM. Allerdings steht dem Vater die Hälfte des Kindergeldes zu. Die Ex-Ehefrau hat Anspruch auf $3/_7$ seines Nettoverdienstes. Ihm muss ein Mindestgehalt von 1500,– DM bleiben. Das liegt nur knapp über dem Sozialhilfesatz (Stand 2000).

Oft kann die Frau nicht arbeiten, weil die Kinder zu klein sind und dauernde Betreuung brauchen oder weil die Betreuungszeit in der Grundschule unzuverlässig und zu gering bemessen ist. Da wird schnell klar, warum – trotz eines «Normaleinkommens» des Ex-Ehemanns – ein großer Teil der allein erziehenden Mütter auf Sozialhilfe angewiesen ist.

1500,– für den Mann

Die Aussichten für den Mann sind auch nicht besser. 1500,– DM als Einkommen für viele Jahre in die Zukunft – da wird es schwer mit dem Urlaub, da muss auf dem Rummelplatz mit den Kindern die Mark umgedreht werden und das Auto ist ohne Unterstützung durch die eigenen Eltern kaum noch zu halten. Eine neue Familie gründen und mit ihr glücklich werden – das wird sehr schwer, schließlich dürfen die Kinder aus erster Ehe nicht schlechter gestellt werden. Seine beruflichen und privaten Spielräume sind somit sehr eingeschränkt. Natürlich kann er eine Teilzeitstelle annehmen oder Arbeitszeit reduzieren – die Höhe des zu zahlenden Unterhalts ändert sich jedoch nicht. Welche Probleme das verursachen kann, zeigt folgendes Beispiel:

Ein Drucker oder Dreher, dessen Arbeitsplatz absehbar innerhalb weniger Jahre wegrationalisiert werden wird, entscheidet sich für eine Fortbildung zum EDV-Fachmann. Als solcher wird er einen Arbeitsplatz, auch einen besser bezahlten, finden. Das Arbeitsamt bezahlt die ein Jahr dauernde Vollzeitmaßnahme, kommt aber für den Lebensunterhalt nicht in der Höhe des vorherigen Lohnes auf. Die Frau, unterstützt vom Jugendamt, beharrt auf ihren Forderungen in alter Höhe. Nun kann der Mann das Angebot des Arbeitsamtes ablehnen und in zwei Jahren arbeitslos und auf lange Zeit schwer vermittelbar sein. Oder er kann das Angebot annehmen und sich hoch verschulden oder unterhalb des Existenzminimums sein Leben fristen. Hier müsste der Staat flexibler sein, die Erfordernisse von getrennt lebenden Eltern individueller berücksichtigen können. Noch deutlicher familienfeindlich wird die Regelung, wenn der Vater eine neue Partnerschaft eingeht und sich stärker um seine Kinder kümmern will. Aber deshalb Teilzeitarbeiten oder gar Erziehungsurlaub nehmen ist nur selten möglich. Der Schwerpunkt auf der Stellung der ersten Familie behindert die Entwicklung einer zweiten Familie sehr stark. Die Rolle des Mannes als Ernährer der ersten Familie wird so auf ewig zementiert. Hier fehlt die Möglichkeit, durch höhere Betreuungsleistung die Unterhaltszahlungen zu verringern.

Durch Presseberichte entstand in der letzten Zeit das Bild des Vaters als Unterhaltspreller, der den Staat um Millionen schädigt. Schließlich würden nur ein Drittel der Unterhaltspflichtigen korrekt zahlen. Es kam zu einer Kabinettsvorlage, die den Datenschutz lockern wollte. Arbeitgeber, Krankenkassen, Renten- und Lebensversicherung und sogar das Kraftfahrtbundesamt sollten dem Jugendamt zur Auskunft verpflichtet werden. Ein Schritt auf dem Weg zum gläsernen Vater. Ingrid Stahmer, Senatorin für Schule, Jugend und Sport in Berlin, wies in ihrer Antwort auf eine kleine Anfrage (Nr. 13/3077) der SPD darauf hin, dass nach Schätzung der Jugendämter ca. 70 Prozent der noch ausstehenden Rückzahlungen von Unterhaltsvorschuss aufgrund ernsthafter sozialer und finanzieller Schwierigkeiten offen seien. Als Gründe nannte sie vor allem die hohe Arbeitslosigkeit und die Gründung neuer Familien. Sie wandte sich energisch gegen den Eindruck, die mangelnde Zahlungsmoral von Vätern sei hier die Ursache (vgl. PAPS – Welt der Väter 3/98, S. 18).

Der alltägliche Kleinkrieg

Geld ist eins der beiden Hauptthemen für unproduktiven und teuren Streit der Noch- oder Ex-Eheleute vor Gericht. Sie lässt sich von ihrer Anwältin ihre Unterhaltsansprüche ausrechnen, sein Anwalt macht eine Gegenrechnung auf. Beide erwarten vom Richter eine Entscheidung zu ihren Gunsten. Die Gegenpartei soll in die Schranken verwiesen werden, ich bin im Recht! Viele Richterinnen urteilen nach der – psychologisch längst überholten – Maxime, dass Kinder zur Mutter gehören, je kleiner sie sind, desto eher. Väter haben so vor Gericht geringere Chancen als Mütter. Jedoch empfinden viele Väter Richtersprüche als gegen sie gerichtet – auch, wenn sie als Kompromiss gemeint waren. Damit manövrieren sie sich in eine Opferposition, fühlen sich ohnmächtig, das Selbstwertgefühl hat einen dicken Knacks bekommen. Er fühlt sich über den Tisch gezogen. Der alltägliche Kleinkrieg gegen «die Ex» kann beginnen.

Wesentlich günstiger für den Geldbeutel, die Nerven und das Selbstwertgefühl ist eine gemeinsame Verhandlung über die Verteilung der vorhandenen Ressourcen – und zwar vor dem Gerichtstermin. Es ist weniger Geld da, das verteilt werden kann und jeder will davon seinen Lebensunterhalt bestreiten – ohne größere Einbußen an Lebensquali-

tät. Ein Beharren auf errechneten Ansprüchen hilft da genauso wenig
wie der Versuch, mit möglichst wenig Leistung aus der Verhandlung
herauszukommen. Den Kindern hilft es nicht, wenn sie auf Sozialhil-
feniveau leben müssen. Und von einem Vater, der an den Rand des
Existenzminimums gedrängt wurde, haben sie auch nicht viel. Hier
hilft nur eine ehrliche Offenlegung des Einkommens und des Vermö-
gens, eine realistische Betrachtung der Arbeits- und Verdienstmög-
lichkeiten für die Person, bei der die minderjährigen Kinder leben. Ihr
Anspruch auf eine gute Ausbildung und Lebensperspektive darf durch
den Streit der Eltern nicht verhindert werden.

Kinder und Sorgerecht

Womit wir beim zweiten Hauptthema der Trennungsverhandlung
sind: die Kinder. Um das Sorgerecht für die Kinder ist vor Gericht oft
erbittert gestritten worden. Seit Juli 1998 ist das neue Kindschaftsrecht
in Kraft, das diesen Kampf minimieren soll. Ein wichtiges Ergebnis:
Nach der Scheidung behalten grundsätzlich beide Parteien das Sorgerecht. Ein Antrag auf alleiniges Sorgerecht muss begründet werden.
Für unverheiratete Paare wird allerdings verfahren wie ehedem: Sorgerecht für nur eine Person, in der Regel die Mutter, es sei denn, sie hätten eine gemeinsame Sorgeerklärung unterschrieben. Auch die etwa
eine Million «Altfälle» bleiben unberührt.
Das *Sorgerecht* ist für viele Väter wichtig. Es regelt die Verantwortung
für juristisch bindende Handlungen für das Kind. Dazu gehören die
Einwilligung in notwendige Operationen, die Bestimmung über die zu
besuchende Schule, die Unterschrift unter den Lehrvertrag, die re-
ligiöse Erziehung, die Eintragung in den gemeinsamen Reisepass. Hat
der Vater hier kein Mitspracherecht, ist er abhängig vom Wohlwollen
der Mutter. Und so fühlen sich viele Männer als «Vater von Mutters
Gnaden».
Der nicht-sorgeberechtigte Elternteil bekommt ein *Umgangsrecht* zuge-
sprochen. Für die Berechnungen der «Düsseldorfer Tabelle» (s. S. 137)
war ein Umgang von einem Wochenende alle 14 Tage und die Hälfte der

Ferien und gesetzlichen Feiertage ausschlaggebend. Nicht viel, wenn man ansonsten täglich seine Kinder um sich hatte und sie die Atmosphäre zu Hause deutlich mitbestimmten. Welche der Mütter, die dieses Buch lesen, kann sich vorstellen, ihre Kinder nur alle zwei Wochen zu sehen?

Viele Richter können nicht glauben, dass ein Mann genauso gut für seine Kinder sorgen kann wie eine Frau. Sie handeln meist nach dem durch psychologische Forschung völlig widerlegten Vorurteil, das Kind habe eine natürlich nähere Bindung zur Mutter. Andreas Schmidt hat viele solcher Urteile, die Väter bestenfalls zur Hilfsperson degradieren, zusammengetragen (vgl. Schmidt 1998, S. 35 ff.). Andere stellen die neue Familie der Mutter über den Wert des Kontaktes zum leiblichen Vater, was teilweise zu absurden Entscheidungen führt: So untersagte das Amtsgericht Riedlingen einem unehelichen Vater, seiner Tochter zu Weihnachten und zum Geburtstag eine Glückwunschkarte zu schicken. Begründung: Die Mutter könnte negativ darauf reagieren und das könnte dem Kind schaden.

Außerdem klagen viele Väter, vom Jugendamt trotz des Beratungsauftrages durch das Kinder- und Jugendhilfegesetz benachteiligt zu werden. So würden Auskünfte verweigert oder das Amt agiere einseitig zugunsten der Mutter. Sie erleben sich als der «andere», der «störende» Elternteil. Viele Jugendämter prüfen nicht einmal, ob das Kind nicht besser beim Vater leben sollte. Selbst wenn die Mutter erwiesenermaßen – z. B. aufgrund einer Alkoholabhängigkeit – erziehungsunfähig ist, wird das Kind eher in eine Pflegefamilie gegeben. Noch deutlicher demonstrieren viele Jugendämter Hilflosigkeit, wenn die Mutter den Umgang des Kindes mit dem Vater boykottiert. Oft bekommt man nur die Mitteilung, man habe versucht, mit der Mutter eine Regelung herbeizuführen, sie sei dazu jedoch nicht dazu bereit (vgl. PAPS – Welt der Väter Nr. 4 / 97, S. 23 f.).

Patriarchale Gesetze, die dem Vater die Ernährerrolle zuschreiben und der Mutter die Zuständigkeit für Haus und Kinder, Mütterzentriertheit bei Gerichten und Jugendämtern, häufige Medienschelte machen es Vätern nicht leicht, sich nach einer Trennung gleichberechtigt für ihre Kinder verantwortlich zu fühlen und sich um sie zu kümmern.

Reaktionen auf die Scheidung

Die Folgen einer Scheidung für die Kinder ist vielfältig beschrieben worden. Veränderungen im Verhalten sind eine normale Reaktion auf eine schwierige Situation. Kein Kind reagiert gleich, seine Lebensbedingungen bestimmen sein Verhalten. Jungen benehmen sich oft extrovertierter, zeigen deutlicher Auffälligkeiten wie nächtliches Einnässen oder unvorhersehbare Wutausbrüche. Mädchen reagieren oft «vernünftig». Das ist jedoch kein Zeichen, dass sie unter der Trennung nicht ebenso leiden. Die Trennung ist auch für sie ein traumatisches Ereignis. Wie sie auf lange Sicht damit fertig werden, hängt jedoch nicht vom Richterspruch oder der Sorgerechtsregelung ab. Wichtig ist, wie die Eltern mit der Situation umgehen, wie sie dem Kind zeigen, dass sie nach wie vor beide Eltern sind und sich um es kümmern. Hierzu gehört auch, den anderen Elternteil in seinen Bemühungen zu achten und nicht gegenüber dem Kind herabzusetzen. Das muss nicht durch Worte geschehen, manchmal reichen heruntergezogene Mundwinkel, wenn das Kind freudig von seinen Erlebnissen mit Papa erzählt.

Wenn die Trennung sehr konfliktreich war, beginnt häufig eine offene, verdeckte oder unbewusste Manipulation des Kindes durch den betreuenden Elternteil. Die Person, bei der das Kind lebt, beansprucht dessen ganze Liebe und Zuneigung für sich. Entsprechend ihrer Reife und ihrem Alter bauen sich die Kinder Geschichten über die Trennung zusammen. Manche Kinder können diesen inneren Konflikt für sich nicht anders lösen als durch heftige aggressive Ablehnung des anderen Elternteils. Ursula Kodjoe, Diplompädagogin und Mediatorin aus Freiburg, hat dieses Parental Alienation Syndrome (PAS) in die deutschsprachige Diskussion eingeführt. Nach ihrer Aussage ist Familientherapie die erfolgversprechendste Möglichkeit, die aggressive Haltung der Kinder und das manipulative Verhalten des betreuenden Elternteils zu erkennen und aufzulösen. Durch Androhung der Herausnahme des Kindes aus der manipulierenden Restfamilie durch Gericht oder Jugendamt könnte hier der Druck ausgeübt werden, der das notwendige Signal zum Umdenken oder Einlassen auf eine Therapie setzt. Leider wird diese Chance viel zu selten genutzt (vgl. PAPS – Welt der Väter 1/98, S. 23).

Viel Kampf lässt sich vermeiden oder in seinen Auswirkungen abmildern, wenn bereits zu einem frühen Zeitpunkt das Gespräch mit einer unparteiischen dritten Person gesucht wird. Als Methode hat sich die Mediation bewährt.

Mediation

Mediation ist ein in den USA entwickeltes Verfahren zur Konfliktlösung. Es wird auf politischer Ebene bei Verhandlungen angewandt – z. B. zwischen Bürgerkriegsparteien – und hat sich bewährt bei der Eindämmung gewalttätiger Konflikte, u. a. zwischen rivalisierenden Gruppen an Schulen.

Mediator oder Mediatorin sind «unabhängige Dritte». Sie sind weder Anwalt noch Richter noch Therapeut. Ihre Aufgabe ist es, den Rahmen für ein Gespräch zwischen Konfliktparteien zu bieten und für die Einhaltung der allgemeinen Kommunikationsregeln zu sorgen (vgl. Bernhardt, Hanspeter: Von der Konfrontation zur Kooperation. In: forum bildung innovation 2/99, S. 21 ff.). Bei Beleidigungen und Drohungen schreiten sie ein – Handgreiflichkeiten beenden diesen Versuch einer gütlichen Einigung sofort.

Karl und Gerda haben sich getrennt. Noch leben sie in der gemeinsamen Wohnung. Tochter Sophie ist gerade drei Jahre alt geworden. Karl hat eine Vollzeitstelle, Gerda will nach der Kinderpause ihre Ausbildung beenden. Gemeinsam suchen sie das Gespräch mit einem Mediator. Nach einer ersten Sitzung, in der die Möglichkeiten und Grenzen der Methode erläutert wurden, stimmen beide diesem Verhandlungsrahmen zu. Karl ist zunächst skeptisch. «Was soll das Gerede, die Situation ist doch klar, oder?» Beim zweiten Treffen wird eine Liste der Themen erstellt, die beide besprechen wollen. Karl ist die Unterhaltsfrage am wichtigsten, Gerda die alltägliche Betreuung von Sophie. Die am wenigsten strittigen Punkte werden zuerst geklärt. Das schafft Vertrauen in die Methode und zeigt, dass die beiden trotz allen Streits noch fähig sind, sich auf einen gemeinsamen Weg der Trennung zu begeben.

In der dritten Sitzung einigen sie sich darauf, dass Karl innerhalb von vier Wochen ausziehen wird. Sie haben eine Liste der Haushaltsgegenstände angefertigt, die er mitnehmen wird oder die ihm zustehen. Beiden ist wichtig, dass Sophie in seiner Wohnung ein eigenes Zimmer bekommt. Dann steht die Rechnerei an. Beide haben sich anwaltlich beraten lassen, welchen Unterhaltsanspruch sie haben bzw. wie hoch die Zahlungen sein müssten. Sie sehen auch, dass bei diesen Einkommensverhältnissen nicht alle Ansprüche zu befriedigen sind. Gerdas Mutter erklärt sich zu einem monatlichen Zuschuss bis zum Ende der Ausbildung bereit. «Wie kann der Kuchen vergrößert werden?», war eine wichtige Frage des Mediators, als sie in der Aufrechnung der gegenseitigen Ansprüche stecken geblieben waren.

Danach einigen sie sich auf einen flexiblen Sorgeplan für Sophie. Grundsätzlich bleibt sie in der alten Wohnung. Ihre gewohnte Umgebung soll ihr so gut wie möglich erhalten bleiben. Karl wird seine Arbeitszeiten so verändern, dass er zweimal in der Woche Sophie vom Kindergarten abholen und nachmittags betreuen kann. Das gibt Gerda die Möglichkeit, für ihre Ausbildung zu lernen. Die Wochenenden gestalten sie im Wechsel, jeweils von Freitag nach dem Kindergarten bis Sonntag vor dem Abendessen.

Gerda hat auf einen Teil der Unterhaltsleistungen verzichtet. Dadurch kann Sophies Zimmer in Karls Wohnung bezahlt werden. Er übernimmt im Gegenzug mehr Betreuung. Die Verhandlung ist manchmal zäh: «Gibst du mir, geb ich dir das.» – Aber am Ende kommt eine von beiden Seiten akzeptierte und tragfähige Lösung heraus. Sie schreiben alle Punkte in einem Vertrag nieder, den sie gemeinsam mit dem Mediator unterzeichnen. Sie verabreden, sich in einem halben Jahr noch einmal zu treffen, denn es muss in der Praxis erprobt werden, ob der Vertrag hält und was nachgebessert werden sollte. Auf jeden Fall haben sie Geld und Nerven gespart; die Anwaltskosten wären höher gewesen als zehn Stunden Mediation.

Was der Fachmann dazu sagt

Interview mit Dr. Werner Sauerborn, 49, arbeitet bei der ÖTV-Haupt-verwaltung in Stuttgart, Gründer des «Väteraufbruch für Kinder e.V.», ist Herausgeber der Zeitschrift PAPS – Welt der Väter, Vater von drei Kindern.

Die meisten Scheidungen, zwischen 60 und 70 Prozent, gehen von Frauen aus. Wieso reichen mehr Frauen als Männer die Scheidung ein?

In der Ehe- und Partnerschaftssituation spiegeln sich die gesellschaftlichen Rollenzuweisungen. Die Rolle der Frau hat sich in den letzten 20 bis 30 Jahren erheblich verändert. Männer haben noch großen Veränderungsbedarf. Diese Ungleichzeitigkeit führt auch in Beziehungen zu Spannungen. Meist sind es die Frauen, die eine Beziehung als defizitär erleben und die Scheidung einreichen. Außerdem sehen Männer Beziehungen eher «alltagstechnisch». Frauen wollen oft mehr und steigen aus.

Männer fühlen sich häufig als Opfer von Scheidung, fühlen sich über den Tisch gezogen. Gibt es dafür reale Gründe, oder ist das nur patriarchale Verblendung?

Männer sind in Trennungssituationen in einer schwächeren Position, zumindest was Umgangs- und Sorgerechtsfragen anbelangt. Das sollte auch anerkannt werden. Es hat keinen Sinn, Männern diese Betroffenheit abzusprechen und ein Thema des Geschlechterkriegs daraus zu machen. Gesellschaftlich sind sie an dieser Stelle benachteiligt, weil sie in der Familiensituation nicht genauso präsent sind wie Mütter. Ihnen wird auch immer noch nicht die gleiche Bedeutung in der Familie eingeräumt. Das rächt sich im Trennungskonflikt. Eine grundsätzliche Lösung wird sich nur über eine Änderung der Rollenzuschreibungen für Mütter und Väter erreichen lassen.

Im neuen Kindschaftsrecht sind ja viele dieser Benachteiligungen abgeschafft. Wieso gibt es immer noch solche Diskriminierungen?

Viele Diskriminierungen sind abgeschafft, eine wesentliche jedoch nicht, das ist die Benachteiligung unehelicher Väter in der Sorgerechtsfrage. Hier hängt das gemeinsame Sorgerecht von der Zustimmung der Mutter ab, ein, wie ich finde, weiterhin verfassungswidriger Zustand. Der Abbau der Diskriminierung ist jedoch auch eine Frage gesellschaftlicher Bewusstseinslagen. Die Berufe, die Einfluss auf das Geschehen haben, sind überwiegend von patriarchalen Rollenmustern geprägt, bei Männern wie bei Frauen, bei Richtern wie bei Sozialarbeiterinnen. Hier muss sich noch viel ändern.

Was sollte ein Vater im Trennungskonflikt tun, was sollte er unbedingt vermeiden?

Er sollte seine Situation realistisch einschätzen. Seine Handlungsmöglichkeiten sind eingeschränkt, er sitzt am kürzeren Hebel. Er wird von den Institutionen nicht in der gleichen Bedeutung gesehen wie die Mutter. Wenn er hier demokratische Vorstellungen von Gleichberechtigung als Maßstab unterstellt, werden die Enttäuschungen umso größer sein. Er soll die Benachteiligung nicht hinnehmen, aber er wird sie nicht innerhalb seines persönlichen Trennungskonfliktes lösen können. Er sollte zwei Grenzmarkierungen beachten: Zum einen sollte er trotz Frust und Ohnmachtserfahrungen nicht kapitulieren. Er sollte beharrlich und mit Ausdauer das Ziel im Auge behalten, den Kontakt zu seinen Kindern aufrecht zu erhalten. Zum anderen sollte er den Konflikt nicht in einen lebenslang aggressiv geführten *Trennungskrieg* ausarten lassen. In der Regel führt das dazu, dass die Beziehung zum Kind nicht aufrecht erhalten werden kann. Es geht nicht um kurzfristige Entscheidungen, schnell ein Recht zu bekommen oder zu verlieren. Es geht um den Kontakt zum Kind, damit es ein authentisches Bild von seinem Vater entwickeln kann und nicht auf die Interpretation Dritter angewiesen ist. Das braucht möglichst häufigen und alltäglichen Kontakt, nicht nur einen Wochenendbesuch im Monat.

Viele Väter klagen, dass die Mutter den Umgang vereitelt, direkt oder schleichend.

Eingeschränkte Umgangsregelungen sind nicht geeignet, normale Beziehungen zwischen Vater und Kind aufrecht zu erhalten. Dennoch sind viele Väter darauf angewiesen, in diesem eingeschränkten Rahmen die Beziehung zu praktizieren. Wenn es um Umgangsvereitelung geht, ist es wichtig, die Situation aus der Interessenlage des Kindes zu interpretieren. Das Kind respektiert den Vater umso mehr, wenn es sieht, dass der Vater seine Loyalitätskonflikte versteht. Dass er begreift, dass das Kind sich manchmal den Wünschen der Mutter beugt, nicht etwa, weil es den Vater nicht liebt, sondern weil es dem *Loyalitäts-druck* nachgibt. Das ist für einen Vater schwer zu verstehen, weil die primäre Botschaft eine andere ist. Aber das Kind wird es ihm hoch anrechnen.

Was muss an den gesellschaftlichen Rahmenbedingungen noch geändert werden, um in diesem Bereich zu einer wirklichen Geschlechterdemokratie zu gelangen?

Es gibt verschiedene Rechtsgebiete, in denen es um Rollenzuweisungen geht: Wofür sind Mütter zuständig? Wofür sind Väter zuständig? Im Familienrecht ist das Nicht-Ehelichen-Recht der entscheidende Punkt. Man muss das neue Kindschaftsrecht sehr bald einer Prüfung unterziehen, ob die Sorge- und Umgangsregelungen tatsächlich funktionieren oder ob stärkere Druckmittel gegen Umgangsvereitelung oder destruktiven Umgang mit der Sorgevereinbarung nötig sind. Das Ehegattensplitting im Steuerrecht fördert die Alleinverdienerehe. Sie subventioniert den Mann in der Ernährerrolle und die Frau als Mutter im Haus. Eine ähnliche Konstruktion haben wir im Rentenrecht, wo es keine individuellen Rentenansprüche gibt, sondern der verheiratete, nichterwerbstätige Ehepartner genauso abgesichert ist, als hätte er selbst in die Kasse einbezahlt. Ein wichtiges Feld ist das Erziehungsgeldgesetz, das starken Druck in Richtung traditioneller Rollenverteilung ausübt, weil es keine ernsthaften Lohnersatzleistungen bietet, es vielmehr in den meisten Fällen zu einem Einbruch des Familieneinkommens führen würde, wenn Väter Erziehungsurlaub in Anspruch nähmen. Das würde die Familienkasse je nach Gehaltsunterschied zwischen Mutter und Vater mit mehreren tausend oder zehntausend Mark jährlich belasten.

*Warum sollten sich schon junge Väter oder werdende Väter mit dem Thema
Trennung oder Sorgerecht gedanklich befassen?*

Es ist eine hohe Belastung, in der Situation des Neuanfangs oder der Begeisterung für die neue Familie, sich über Trennungsbedingungen Gedanken zu machen. Die beste Einstimmung auf dieses nie auszuschließende Risiko ist eine *partnerschaftliche und paritätische Organisation der Erwerbsarbeit und der Kinderbetreuung und des Haushalts.* So sind beide für das Einkommen zuständig und in der Lage, eine befriedigende Beziehung zu den Kindern aufzubauen. Eine paritätische Partnerschaft schützt am besten gegen Trennung. Bei einer Scheidung ist in einem solchen Fall von Richtern am ehesten eine faire Sorgerechtsregelung zu erwarten. In einem Ehevertrag geschlossene Sorgerechtsvereinbarungen sind nicht rechtsverbindlich, sie sind nur als Absichtserklärung zu werten.

Tipps *für Eltern in Trennungssituationen*

- Wenn Sie nicht verheiratet sind, unterschreiben Sie eine gemeinsame Sorgeerklärung beim örtlichen Jugendamt. Damit sind beide Eltern sorgeberechtigt.
- Suchen Sie in Partnerschaftskrisen das Gespräch mit Freunden. Isolation verengt den Blick, die Gefühle von Wut und Schmerz finden keinen Ausdruck, die Partnerin wird zum Feind. So ist der Trennungskrieg vorprogrammiert.
- Suchen Sie gemeinsam eine Beratungsstelle auf, die qualifizierte Mediation oder Scheidungsberatung anbietet.
- Listen Sie Ihre Essentials auf. Worauf wollen Sie bei der Trennung auf gar keinen Fall verzichten? Wo sind Schmerzgrenzen? Wo sind Kompromissmöglichkeiten?
- Wenn Sie – auch aus Kostengründen – sich gemeinsam von einem Anwalt oder einer Anwältin vor Gericht vertreten lassen wollen: Das ist aus Mandatsgründen nur möglich, wenn Sie bereits beim ersten Treffen mit diesem Anwalt zusammen erscheinen.
- Wenn Sie sich nicht sicher sind oder befürchten, übers Ohr gehauen zu

werden: Sie können trotzdem ein Beratung bei einem anderen Anwalt oder einer anderen Beratungsstelle, z. B. einem Männerbüro, in Anspruch nehmen.

■ Noch mehr Informationen gibt es in Verena Krähenbühl u. a.: «Meine Kinder, deine Kinder, unsere Familie»; über die Praxis des Neuen Kindschaftsrechts berichtet ausführlich PAPS – Welt der Väter Nr. 2/1999.

Die wichtigsten Bestimmungen des Neuen Kindschaftsrechts

■ Eltern, die nicht miteinander verheiratet sind, können beim Jugendamt eine «Sorgeerklärung» abgeben und damit beurkunden, dass sie die elterliche Sorge gemeinsam ausüben wollen. Geben sie keine solche Erklärung ab, hat allein die Mutter das Sorgerecht.

■ Kinder unverheirateter Eltern sind gleichermaßen erbberechtigt wie eheliche.

■ Nach einer Scheidung bleiben beide Eltern sorgeberechtigt. Ein Antrag auf alleinige elterliche Sorge muss begründet werden.

■ Unverheiratete Väter haben jetzt auch ein Umgangsrecht.

■ Ein getrennt lebender Elternteil darf bei weichenstellenden Entscheidungen im Leben des Kindes, z. B. Schulbesuch, mitbestimmen.

■ Braucht das Kind besonderen Schutz, ist die Bestellung eines Verfahrenspflegers – eines «Anwalts des Kindes» – vorgesehen.

■ Großeltern, Geschwistern und früheren Ehegatten eines Elternteils steht ein eigenes Umgangsrecht zu.

■ Kinder ab 14 Jahren müssen bei Umgangs- und Sorgerechtsänderungen gehört werden.

■ Kinder und Jugendliche haben Anspruch auf Beratung und Unterstützung, wenn Umgangsberechtigte von ihrem Recht keinen Gebrauch machen.

■ Entwürdigende Erziehungsmaßnahmen, wie körperliche Misshandlung, sind verboten.

■ «Altfälle» bleiben unberührt.

Anhang

Nützliche Adressen

Bund Deutscher Hebammen e.V., Pf 1724, 76006 Karlsruhe, Tel.: 0721 / 2 64 97
Informationen über Geburtsvorbereitung, Hebammen, Hausgeburten, Wochenbett, etc.

Bundes-Arbeitsgemeinschaft für Familien-Mediation (BAFM), Haspelstr. 24, 35037 Marburg, Tel.: 06421 / 2 50 94, Fax: 06421 / 1 59 89
http://home.t-online.de / home / bafm.htm
Informationen zur Mediation, Adressenliste regionaler Mediatoren und Mediatorinnen

Bundesministerium für Familie, Senioren, Frauen und Jugend, 11018 Berlin, Tel.: 030 / 20 65 50, Fax: 030 / 20 65 52 04
Die Adresse für Anregungen und Proteste zur Kinder- und Familienpolitik. Eigene Schriftenreihe. Aktionsprogramm «Mann und Familie».

Bundesarbeitsgemeinschaft der Kinderschutz-Zentren, Spichernstr. 55, 50672 Köln, Tel.: 0221 / 52 93 01, Fax: 0221 / 52 96 78
Örtliche Zentren, Beratung, betreuter Kontakt zu Kindern, Gruppenangebote, Veranstaltungen

Deutscher Kinderschutzbund (Bundesverband), Schiffgraben 29, 30159 Hannover, Tel.: 0511 / 30 48 50, Fax: 0511 / 3 04 85 49
Örtliche Gruppen, Beratung, betreuter Kontakt zu Kindern, Gruppenangebote, Kampagnen zur Gewalt gegen Kinder etc.

Dialog zum Wohle des Kindes e.V., Bundesgeschäftsstelle, Stillohweg 22, 22889 Tangstedt, Tel. + Fax: 04109 / 12 50
Informationen zum gemeinsamen Sorgerecht, Scheidungsberatung, Veranstaltungen, Regionale Gruppen.

Eltern für aktive Vaterschaft, Friedrich-August-Platz 2, 26121 Oldenburg, Tel.: 0441 / 8 11 34, Fax: 0441 / 8 11 65
www.kindundvater.de

*Informationen über Elternschaft und Familie, Veranstaltungen, eigene Vereins-
zeitschrift, Ausstellung zum Thema Vaterschaft*

Gesellschaft für Geburtsvorbereitung e.V., Postfach 220106,
40608 Düsseldorf, Tel.: 0211 / 25 26 07, Fax: 0211 / 20 29 19
Informationen über Geburtsvorbereitung, Hausgeburten, örtliche Angebote

ISUV / VDU – Interessenverband Unterhalt und Familienrecht,
Bundesgeschäftsstelle, Pf 210107, 90119 Nürnberg, Tel.: 0911 / 55 04 78,
Fax: 0911 / 53 30 74
www.isuv.de
Informationen für Väter zu Trennung, Scheidung, Unterhalt. Regionale Gruppen

Kirchliche Arbeitsstelle für Männerseelsorge, Neuenberger Str. 35,
36041 Fulda, Tel.: 0661 / 7 34 63
Informationen zum Mannsein und zur Vaterschaft, Veranstaltungen

Männerarbeit der evangelischen Kirche Deutschlands, Garde-du-Corps-Str. 7,
34117 Kassel, Tel.: 0561 / 71 01 81
www.maenner-online.de
*Informationen zum Mannsein und zur Vaterschaft, Veranstaltungen, auch mit
Freizeitcharakter*

Männerbüro e.V., Groner Tor Str. 16, Göttingen, Tel.: 0551 / 4 61 61,
Fax: 0551 / 54 18 53
*Information und Beratung für Männer, Väterabende, Vätergruppen, Veranstal-
tungen*

Mannege, Tucholskystr. 11, 10117 Berlin, Tel.: 030 / 28 38 98 61,
Fax: 030 / 28 38 98 62
*Information und Beratung für Männer, Väter im Trennungskonflikt, Veranstal-
tungen*

Prager Eltern-Kind-Programm / PEKiP e.V., 47269 Duisburg, Heltorfer Str. 71,
Tel.: 0203 / 71 23 30
*Informationen über Spiel- und Bewegung für 0–1-Jährige, regionale und örtliche
Angebote*

Praxis für Sexual- und Partnerschaftsberatung, Volker van den Boom,
Wilhelmstr. 35, 52070 Aachen, Tel.: 0241 / 53 44 07
Information und Beratung zu Fragen der Partnerschaft und Sexualität, besonders
während der Schwangerschaft und nach der Geburt

Pro Familia, Bundesverband, Stresemannallee 3, 60596 Frankfurt,
Tel.: 069 / 63 90 02, Fax: 069 / 63 98 52
Information und Beratung zu Partnerschaft, Schwangerschaft, Sexualität,
örtliche Beratungsstellen, Veranstaltungen

VNB-Fachbereich Männerbildung, Waldschlösschen,
37130 Gleichen-Reinhausen, Tel.: 05592 / 16 97, Fax: 05592 / 17 92
Männerbildung, Veranstaltungen für Väter, Angebote für Frauen und Männer,
Kommunikationsschulung, Gendertraining
www.vnb.de

Verband der deutschen Windeldienste e.V. Bundesgeschäftsstelle,
Varreler Str. 20, 49419 Wagenfeld-Ströhen, Tel.: 0180 / 5 34 15 16
Informationen über Windeln, Windeldienste, Babypflege

Väter für Kinder e.V., Pf 380268, 80165 München
Informationen über Vaterschaft und Elternsein, Veranstaltungen
http://users.aol.com / vfk /

Väteraufbruch für Kinder e.V., Bundesgeschäftsstelle, Pf 110511,
42305 Wuppertal, Tel.: 01805 / 12 01 20
www.vafk.de
Informationen für Väter, vor allem in Trennungssituationen, Veranstaltungen,
Väterpolitik. Regionale Gruppen

Interessante Web-Seiten
www.dajeb.de
Laufend aktualisiertes Verzeichnis aller Beratungsstellen in Deutschland

www.mannlinker.de
links und Kommentare zu Männer- und Väterprojekten

www.maennersache.ch
Schweizer Seite für Männer und Väter

http://members.aol.com/gayvaeter
Informationen und Veranstaltungen für schwule Väter

www.members.aol.at/eltern-fuer-kinder
Österreichische Väterseite

www.pappa.com
News, Foren, viele links, Bibliographie, Veranstaltungshinweise

www.vaeterfuerkinder.de
Informationen zum Kindschaftsrecht und Anwalt des Kindes

www.vev.ch
Informationen über schweizer Vätergruppen, Trennung, Scheidung etc.

www.VaeterKS.de
Vater-Sein trotz Trennung und Scheidung

Zeitschriften

PAPS – Welt der Väter, c/o Werner Sauerborn, Hauptmannsreute 144,
70193 Stuttgart, Tel.: 0711/63 16 13, Fax: 0711/6 36 27 65
www.PAPS.de
*überregionale Väterzeitschrift, Termine, Adressen, Nachrichten, Bücher, Filme,
politische und persönliche Auseinandersetzung zum Thema Vaterschaft, Rat &
Hilfe, vierteljährlich*

Männerforum, c/o Männerarbeit der EKD, Garde-du-Corps-Str. 7,
34117 Kassel, Tel.: 0561/71 01 81
Themenhefte, Termine, Nachrichten, Neues aus der Kirche, halbjährlich

Pro Familia Magazin, c/o Pro Familia, Stresemannallee 3, 60596 Frankfurt,
Tel.: 069/63 90 02, Fax: 069/63 98 52
*Schwerpunkthefte, Sexualität und Partnerschaft, Nachrichten, Neues aus dem
Verband, Termine, zweimonatlich*

Switchboard, c/o männerwege, Pf 658120, 22374 Hamburg,
Tel. + Fax: 040/38 19 07
*Der «Szenemelder» der Männerbewegung, Termine, Glosse, Bücher, Materialien,
Adressen, monatlich*

Hilfreiche Broschüren

Allein erziehend – Tipps und Informationen, gegen Rückporto erhältlich bei: Verband allein erziehender Mütter und Väter, Beethovenallee 7, 53173 Bonn
Staatliche Hilfen für Familie – wo, wann, wie, erhältlich bei: Bundesministerium für Familie, Senioren, Frauen und Jugend, 11018 Berlin
Informationen für Familien. Familienpolitik in 55 Stichworten, erhältlich s. o.
Das Neue Kindschaftsrecht – Fragen und Antworten, erhältlich bei: Bundesministerium der Justiz, Referat für Presse- und Öffentlichkeitsarbeit, 53170 Bonn
Eltern bleiben Eltern – Hilfen für Kinder bei Trennung und Scheidung, München o. J. erhältlich bei Deutsche Arbeitsgemeinschaft für Jugend- und Eheberatung e.V., Neumarkter Str. 84 c, 81673 München

Zitierte und empfehlenswerte Literatur

Albrecht-Engel, Ines (Hg.): *Geburtsvorbereitung,* Reinbek 1996 (rororo 19392)

Balaskas, Janet: Väter begleiten die aktive Geburt, München 1994

Besemer, Christoph: *Mediation – Vermittlung in Konflikten.* Königsfeld / Freiburg 1995

Bullinger, Hermann: *Wenn Männer Väter werden,* Reinbek 1983 (rororo 7751)

Bundesministerium für Familie, Senioren, Frauen und Jugend (Hg.): *Gleichberechtigung von Frauen und Männern – Wirklichkeit und Einstellungen in der Bevölkerung 1992,* Stuttgart / Berlin / Köln 1996

Deutscher Kinderschutzbund: *Taschenbuch für Kinderpresse,* Remagen 1998

Dieckmann, Dorothea: *Unter Müttern,* Berlin 1993

Döhring Bärbel; Kress Brigitta: *Zeugungsangst und Zeugungslust,* Darmstadt 1986

Delaisi de Parseval, Geneviève: *Was wird aus den Vätern?,* Weinheim 1985

Figdor, Helmut: *Scheidungskinder – Wege der Hilfe,* Gießen 1998

Forum Bildung Innovation, Nr. 2, 1999

Fthenakis, Wassilios: *Väter,* München 1988

Garhammer, Manfred: *Auf dem Weg zu egalitären Geschlechterrollen?,* in: Buba, Hans Peter; Schneider, Norbert F.: *Familie. Zwischen gesellschaftlicher Prägung und individuellem Design,* Opladen 1996

Gray, John: *Männer sind anders, Frauen auch,* München 1993

Gustafsson, Lars H.: *Kinder – weit weg und doch ganz nah.* Stuttgart 1997

Ders.: *Wir Väter,* Stuttgart 1993

Haslam David: *Schlaflose Kinder – unruhige Nächte,* München 1992

Haynes, John M.: *Scheidung ohne Verlierer,* München 1993

Hilsberg Regina: *Schwangerschaft, Geburt und erstes Lebensjahr*, Reinbek 2000 (rororo 60829)

Höfele, Hartmut E.; Klein, Margarita: *Sanfte Klänge für Eltern und Babys*. Buch mit CD, Münster 1999

Klein, Margerita: *Schmetterling und Katzenpfoten. Sanfte Massage für Babys und Kinder*, Münster 1999

Kreische, Thomas: *Paare in der Krise*, Reinbek 1994 (rororo 9399)

Kühler, Thomas: *Zur Psychologie des männlichen Kinderwunsches*, Weinheim 1989

Leboyer, Frédérick: *Sanfte Hände*, München 1986

Lothrop, Hannah: *Das Stillbuch*, München (23. Aufl.) 1998

Märkler, Bettina; Osenbrügge, Karin: *Die ersten Wochen mit dem Baby*, Reinbek 1999[4] (rororo 19755)

Matzner, Michael: *Vaterschaft heute*, Frankfurt / New York 1998

Meuser, Michael: *Geschlecht und Männlichkeit*, Opladen 1998

Müller-Mees, Elke: *Knaurs Handbuch für werdende Väter*, München 1994

Novy, Katharina; Adam, Georg: *Von Spielgefährten, Arbeitstieren, Sportlern und anderen Vätern*, Wien 1998

Odent, Michael: *Erfahrungen mit der sanften Geburt*, München 1986

Olivier, Christiane: *Die Söhne des Orest*, Düsseldorf 1994

PAPS – Welt der Väter, Nr. 4 / 1997, Nr. 1 / 1998, Nr. 3 / 1998, Nr. 2 / 1999

Petri, Horst: *Das Drama der Vaterentbehrung*, Freiburg 1999

Pust, Heiko: *Die sichere Lust*, Ritterhude 1996

Roeder, Helgard: *Mit einem Kind habe ich nicht gerechnet*, Reinbek 1997 (rororo 60 282)

Ruhl, Ralf: *Mehr Vater fürs Kind – mehr Kind dem Vater!*, in: Rohnstock, Katrin (Hg.): *Sag mir, wie die Väter sind*, Berlin 1997, S. 103 – 114

Ruhl Ralf: *Väter – Opfer bei Trennung und Scheidung?*, in: Lenz, Hans-Joachim (Hg.): *Männliche Opfererfahrungen*, Weinheim 2000

Rutschky, Katharina: *Emma und ihre Schwestern*, München 1999

Salis, Bettina: *Warum schreit mein Baby so?* Reinbek 2000 (rororo 60827)

Sass, Jürgen: *Väter zwischen Mythos und Realität*, in: Rohnstock, Katrin (Hg.): *Sag mir, wie die Väter sind*, Berlin 1997, S. 115 – 131

Schmidt, Andreas: *Mehr Vater fürs Kind – auch nach Trennung und Scheidung*, Weinheim 1998

Schnack, Dieter; Neutzling, Rainer: *Die Prinzenrolle*, Reinbek 1993

Schneider, Vimala: *Babymassage*, München 1994

Shapiro, Jerrold Lee: *Wenn Männer schwanger sind*, Landsberg / Lech 1988

Stern, Daniel N.: *Tagebuch eines Babys*, München 1991

Teichert, Volker (Hg.): *Familienpolitik*, Opladen 1993

Vaskovics, Laszlo A.; Rost, Harald: *Väter im Erziehungsurlaub*, Stuttgart 1999

Volz, Rainer; Zulehner, Paul M.: *Männer im Aufbruch*, Ostfildern 1998

Zimmer, Katharina: *Warum Babys und ihre Eltern alles richtig machen*, München 1997

Zilbergeld, Bernie: *Die neue Sexualität der Männer*, Tübingen 1996

Jan-Uwe Rogge, geboren 1947, ist verheiratet, hat einen Sohn und lebt in der Nähe von Hamburg. Er arbeitet freiberuflich als Familien- und Kommunikationsberater und zur Medienforschung. Seit Anfang der achtziger Jahre führt er Elternseminare und Fortbildungsveranstaltungen durch, die sich großer Beliebtheit erfreuen.

JAN-UWE ROGGE

Kinder brauchen Grenzen
Eltern setzen Grenzen

Jan-Uwe Rogge (sidebar)

Ohne Chaos geht es nicht *13 Überlebenstips für Familien*
208 Seiten. Gebunden

Jan-Uwe Rogge
Pubertät – Loslassen und Haltgeben
208 Seiten. Gebunden und als rororo sachbuch 60953
Die Pubertät ist mühsam für alle Familienmitglieder, die Nerven liegen bloß. Die geduldigsten Eltern sind verunsichert und mit ihrem pädagogischen Latein am Ende. Der Nervenkrieg muß nicht sein. Bestsellerautor Jan-Uwe Rogge zeigt, wie Eltern produktiv mit der Pubertät ihres Kindes umgehen können.

Kinder haben Ängste *Von starken Gefühlen und schwachen Momenten*
288 Seiten. Gebunden und als rororo sachbuch unter dem Titel
Ängste machen Kinder stark
(mit kindern leben 60640)

Kinder können fernsehen *Vom sinnvollen Umgang mit dem Medium*
(mit kindern leben 60753)

Kinder brauchen Grenzen
(mit kindern leben 19366)

Eltern setzen Grenzen
(mit kindern leben 19756)

**Kinder brauchen Grenzen.
Eltern setzen Grenzen**
(mit kindern leben 60697)

Jan-Uwe Rogge /
Regine Rogge
Zuhören macht Spaß *Die besten Kassetten und CDs, Hörclubs für Kids, Tips zum Selbermachen*
(mit kindern leben 60830)

Jan-Uwe Rogge / Moni Port
Ein Wolkenlied für Omama
(rororo rotfuchs 20955)

Sonst beiß ich dich!
(rororo rotfuchs 20968)

Weitere Informationen in der **Rowohlt Revue**, kostenlos im Buchhandel, und im **Internet: www.rowohlt.de**

rororo sachbuch (sidebar)

Kinder haben eine Lobby
die **Deutsche Liga für das Kind**

Partner von *rororo Mit Kindern leben*

Die Deutsche Liga für das Kind ist ein Zusammenschluß der wichtigsten Verbände, die sich für die Belange der Kinder in den ersten Lebensjahren einsetzen.

Die Liga verfaßt Stellungnahmen zu Gesetzentwürfen, organisiert Fachtagungen, initiiert Projekte, ist Herausgeber der Zeitschrift *frühe Kindheit* und bietet Eltern und Fachleuten ihre Service-Leistungen an.

Für einen guten Start ins Leben
Die Info-Pakete der Deutschen Liga für das Kind

☐ **Paket 1** (12,- DM incl. Versandkosten)

- Informationen über Mutterschutz und staatliche Leistungen für Eltern
- Entwicklungskalender erstes Lebensjahr
- Faltblatt mit Informationen zum Stillen
- Adressenliste von Einrichtungen „Rund um die Geburt und das 1. Lebensjahr"
- Informationen über die Deutsche Liga für das Kind
- Gesamtverzeichnis der Reihe *Mit Kindern leben*

☐ **Paket 2** (18,- DM incl. Versandkosten)
Inhalt wie Paket 1, zusätzlich:
- 12 Elternbriefe zum 1. Lebensjahr, hrsg. vom Arbeitskreis Neue Erziehung
- Probeexemplar der Zeitschrift *frühe Kindheit*

Sie können Ihre Bestellung telefonisch oder per Fax aufgeben oder diese Seite an folgende Adresse schicken:

DEUTSCHE LIGA FÜR DAS KIND in Familie und Gesellschaft e.V.
Chausseestr. 17, 10115 Berlin
Tel.: 030 - 28 59 99 70   e-mail: Liga-Kind@liga-kind.de
Fax: 030 - 28 59 99 71   Internet: www.liga-kind.de
Commerzbank Berlin, Konto 266 2385, BLZ 100 400 00

Kinder brauchen eine Lobby

In der Deutschen Liga für das Kind arbeiten Fachleute aus den Bereichen Gesundheit, Erziehung, Sozialwissenschaften und Recht zusammen und ermöglichen einen intensiven Kontakt zu Wissenschaft, Praxis und Politik. Dabei stehen folgende Aufgabenbereiche im Mittelpunkt:

Kinder brauchen starke Eltern
Die Elternverantwortung zu stärken, bedeutet nicht nur, öffentlich auf die unverzichtbare Rolle der Eltern hinzuweisen, sondern auch, Eltern selbst Aufklärung und Unterstützung anzubieten.

Kinder brauchen Schutz
Kinder haben ein Recht auf die Förderung ihrer natürlichen Begabungen. Das gilt nicht nur für den rechtlichen Schutz, sondern auch für familienergänzende, wenn nötig familienersetzende Angebote für Kinder.

Kinder brauchen Beteiligung
Schon von Geburt an muß die eigenständige Persönlichkeit des Kindes sowohl im rechtlichen, als auch im psychologischen Sinne Anerkennung finden. Hierzu gehört auch, die Interessen von Kindern und Familien im politischen Raum zu stärken.

Kinder brauchen materielle Gerechtigkeit
Die Entscheidung für ein Kind gehört heute zu den größten Armutsrisiken. Der Beitrag, den die Erziehung von Kindern in der gesellschaftlichen Gesamtrechnung leistet, wird in unserem Steuer- und Rentensystem in einer nicht länger hinzunehmenden Weise unterbewertet. Eine Korrektur dieses Mißstandes ist überfällig.

Kinder brauchen bessere Lebensbedingungen
Beim Wohnungsbau, der Stadt- und Regionalplanung und in allen anderen Feldern, die zur Lebensqualität von Familien beitragen, müsen Bedingungen geschaffen werden, die ein Leben mit Kindern erstrebenswert machen. Dies gilt auch für die Arbeitsplatz- und Arbeitszeitgestaltung der Eltern.